偏差値40からの医学部

逆転合格

医学部専門予備校
京都医塾

はじめに

偏差値40台からでも医学部に合格できる。

そう言われたら、おそらく多くの人が「え？」と思うでしょう。大学受験の経験がある人ならほとんどの人が、あり得ないと思うはずです。

でも、実際に私たち京都医塾からはそのような生徒が毎年医学部に合格していきます。さらに、偏差値30台から1年で合格する生徒もいます。彼らの中には、医学部など夢のまた夢と考えている人も少なくありませんでした。でも夢のまた夢なんかではありません。京都医塾生の多くが、そこから必死に這い上がり、念願の医学部合格を掴み取っているのですから。

千葉くんという生徒の話をさせてください。

医学部受験シーズンのまっただ中、私たち京都医塾に、岩手県から1通の資料請求のメールが届きました。

資料を送り、その2週間後に【1泊2日の医学部合格診断】[1]を受けるために京都へやってきた千葉くんと、私たちは初めて対面しました。

面談で、千葉くんは医師になりたいという夢を熱く語りました。両親が薬局を経営していたこともあり、「将来は開業医になって隣に薬局を建てるね」と話していたこともあったそうです。ご両親はそんな我が子の夢を叶えるために、彼がまだ小さな頃から医学部に合格するためのサポートを続けてこられました。

小学4年生の頃には、仙台にある中学受験の専門塾に通い始め、医学部志望者が多く通う中高一貫校への進学を目指します。小学校低学年の頃は勉強することをただ楽しいと感じていた千葉くんですが、中学入試が近づくにつれて、他人と

[1] 1泊2日の診断で、医学部合格までの道のりをプランニング。カウンセリング・学力診断テスト・体験授業にて、お子さまを徹底分析します(詳細は第3章に掲載)。

比較されることにプレッシャーを感じたり、勉強を強制されることに抵抗を感じるようになり、時にはモチベーションが下がることもありました。それでも、ご両親の手厚いサポートのもと、なんとか学習を続け、見事、志望していた中高一貫校に合格されました。

進学した学校は全寮制でした。学校生活では素晴らしい仲間に恵まれ、部活動に夢中になりました。その反面、生活習慣が乱れ、勉強もサボりがちに。次第に成績は下がっていき、気づけば高校のテストで120人中110番目になっていました。

高校3年生の夏、周りが受験モードに突入するのを見て、千葉くんは焦り始めます。幼い頃からの夢だった医学部に合格するため、慌てて本格的に受験勉強を始めましたが、当然間に合いません。共通テスト後の出願校を決定するための面談では、「受験できる大学がない」と担任から伝えられ、面談はたった5分で終了してしまったそうです。

浪人が決定し、浪人生活をどう過ごすかをご両親と相談していた際、ご両親が見つけた予備校の中に、私たち京都医塾がありました。

千葉くんの【医学部合格診断】のアチーブメントテストは、散々な結果でした。どの教科も軒並み「中学内容から抜けがある」の評価が並び、私たちが分析結果としてお伝えした「1年で医学部に合格する確率」は5%でした。絶望的な結果を目の当たりにした千葉くんでしたが、それでもやはり、医師になりたいという夢は諦めませんでした。

「なんとしてでも、医師になりたい」

その強い意志のもと、千葉くんは京都医塾への入塾を決意しました。
入塾後、彼が最初に受けた実力テストの偏差値は、36・9。
ここから、私たちと千葉くんの熱い日々が始まりました。

入試が終わってからというもの、すっかり勉強から離れてしまっていた千葉くんは、基礎的な内容すら多くのことを忘れてしまっていました。さらに、長時間集中して勉強することさえできなくなっていたのです。

そこで「毎日朝の8時までに登校して、休み時間以外は椅子に座る。1日14時間勉強する。まずは1ヶ月、京都医塾の勧める生活習慣を守ることから始めよう！」と強く心に決めてもらい、千葉くんは忠実にそれを実行しました。

生活リズムが安定し、新たな環境にも慣れてくると、長時間学習に集中することができるようになりました。少しずつ知識が増えてきて、その知識を使って解ける問題も出てきました。千葉くんが、かつて「勉強が楽しい」と感じていたことを思い出し始めた頃です。

夏に実施された全国マーク模試では、偏差値が59・2まで伸び、これまでの受験生活の中で初めて医学部合格D判定が出ました。秋の全国記述模試では偏差値54・2と志望校との差を改めて感じていましたが、ここでモチベーションを落とさずに最後まで突き進まなければ合格を掴むことはできません。私たちは、残りの期間を全力で頑張れば合格の可能性があることを伝えました。

そして、いよいよ私立大学医学部の入試がスタート。しかし、一次試験に合格する友人が少しずつ出始める中、千葉くんだけが1校も一次試験に合格できずにいました。

それでも、決して諦めず毎日の学習を続けた2月、久留米大学から初の一次合格が。そして他2校からも一次合格が出ました。

勢いもそのままに、久留米大学の二次試験も突破し、なんと千葉くんはたった1年で医学部の合格を勝ち取ったのです。まさに逆転合格。これは苦しみながら最後まで戦い抜いてくれた結果です。

千葉くんの例は、かなり特殊だと思われる人もいるかもしれません。

しかし、京都医塾ではこんなドラマが実際に毎年起こっています。

目標に向かって本気で勉強を始めると、誰しも目の色が変わります。そして、周囲の人たちも、場合によっては本人ですら可能性がないと思っていた医学部に、見事合格する生徒が多数現れます。

なぜこのような逆転合格が実現できるのか。この本では、その理由についてお話しします。

もくじ

第3章　医学部に逆転合格するために

第4章　知っておきたい！　受験対策の落とし穴

第5章　タイプ別！　これが医学部逆転合格プラン

第1章

現在の医学部受験を取り巻く状況を理解する

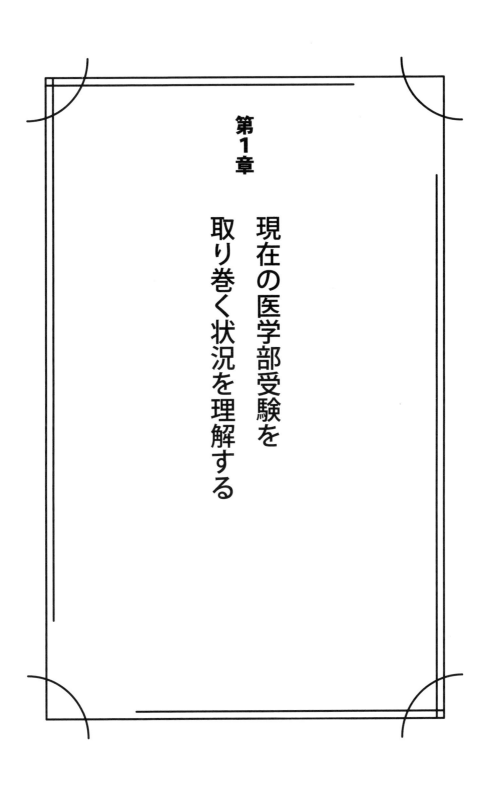

「私立大学医学部なら簡単」は、今では都市伝説

国公立大学の医学部受験は難易度が高くてうちの子には難しいけれど、どうにかして医学部には合格してほしい……。私立大学医学部ならなんとか合格できるのではないか。

そんなことをお考えになっている保護者さまが少なくありません。「私立大学医学部に入るのは簡単である」あるいは「科目数も少ないのだからそれほど難しくないはずだ」という具合です。

とんでもない。

昨今、私立大学医学部に合格するための学力レベルは、以前に比べ、はるかに高くなっています。かつては私立大学医学部の最低ラインは、偏差値40～50台でしたが、今や偏差値60～65まで上がっているのをご存知でしょうか。もはや、私立大学医学部の偏差値は、国公立大学医学部の偏差値とほとんど変わらなくなっているのです。以前はともすると簡単に入れると思われていた私立大学の医学部。でも、今はほんの一握りの人たちだけがくぐることを許される狭き門。これが、現在の私立大学医学部受験の実情です。

図1は、２０２０年度の医学部の偏差値一覧から一部を抜粋したものです。私立大学医学部の多くが、国公立大学医学部と同等の偏差値であることがおわかりいただけると思います。

ここで「偏差値」というものを改めて説明すると、偏差値50は、受験生の平均値を指し、偏差値50以上の人数は上位約50％にあたります。偏差値55以上は上位約30％、偏差値60以上は上位約15％、偏差値65以上は上位約６～７％、偏差値70

以上は上位約2％です。

この偏差値でそれぞれの大学の難易度と受験生の相対順位が示されます。医学部に合格するためには、約65以上（上位6〜7％）の偏差値が必要です。ここで、「え、私立の医学部ってそんなに厳しいの？」と思われる方もいらっしゃるでしょう。以前は、「国公立の医学部には手が届かない受験生が私立の医学部を受験するものだ」という考えを持っている方も多くいました。

令和のこの時代において、「私立大学医学部なら簡単」という状況はまったく存在しないのです。

図１　医学部入試の現状 2020年度 難易度ランキング（一部抜粋）

国公立大学＋私立大学のボーダーライン偏差値（合格可能性50%）

	偏差値 57.5	偏差値 60.0	偏差値 62.5	偏差値 65.0	偏差値 67.5	偏差値 70.0	偏差値 72.5
国公立大学工学部	神戸・工 名古屋・工	東北・工 千葉・工 大阪・工		東京工業 京都・工	東京・理I		
国公立大学医学部			札幌医科 秋田・医 山形・医 富山・医 福島県立医 鳥取・医 ⋮	北海道・医 旭川医科 筑波・医 滋賀医科 広島・医 琉球・医 ⋮	東北・医 千葉・医 名古屋・医 京都府立医 神戸・医 九州・医 ⋮	東京医科歯科 大阪・医	東京・理III 京都・医
私立大学医学部			獨協医科 埼玉医科 北里・医 川崎医科	岩手医科 帝京・医 愛知医科 金沢医科 兵庫医科 近畿・医 久留米・医 ⋮	東北医科薬科 東京医科 昭和・医 日本・医 自治医科 大阪医科 関西医科 ⋮	順天堂・医 慈恵会医科 日本医科 産業医科	慶應・医

（2020年6月時点　河合塾データより作成）

「国公立大学医学部は難しくても、私立大学医学部なら簡単に入れるはずだ」といった考えは、まさに過去の価値観がそのままになってしまっている典型的なケースです。

もし、本書をお読みになって「ドキッ」とされたなら、それは医学部合格を目指す方や保護者さまにとってチャンスです。

これから立ち向かう医学部受験の現状がどのようなもので、どのくらいのレベルであるかを正しく知ることが、医学部合格に近づく第一歩です。

『孫子』という兵法書に出てくる有名な一節に「彼を知り己を知れば百戦して殆うからず」という言葉があります。あえて簡単に言うと、この教えは、「勝負においては敵情と自分を客観的に知ることが大切である」という意味です。医学部受験は、まさに戦いそのものです。

今、大切な我が子が立ち向かおうとしている医学部受験は、保護者さまたちの時代とはまったく異なります。国公立大学にせよ私立大学にせよ、とにかく医学部志望であれば、現在の医学部受験を取り巻く状況をまずは徹底的に理解しなくてはなりません。求められる学力レベルだけではなく、医師になるための制度も変化しています。

医学部受験の難易度だけでなく、医学部そのものを取り巻く状況が変化しているわけですから、それに伴い、情報や考え方、価値観をアップデートさせていく必要があります。

仮に医学部受験の現状を正しく理解せず、いつまでも誤った解釈でいると、大きな失敗をしてしまいます。例えば、私立大学医学部が難関になっていることを知らないがゆえに、必死で戦っている我が子に「私立でも受からないのか？」と言ってしまい、モチベーションを下げてしまうなどです。医学部受験の現状を知っていれば、日頃の発言や声のかけ方から変わってきます。医学部受験という難敵に立ち向かっている受験生を、正しくサポートするためにも、保護者さまには、医学部受験の状況を正しく把握していただきたいと思います。

繰り返しますが、まず大切なのは、「現在の医学部受験を取り巻く状況を正しく理解すること」。医学部受験のスタートはそこからです。

知っておくべき"医学部受験の今"

全国の医学部の数は、国公立大学が51校（防衛医科大学校を含む）と私立大学が31校で、合計82校あります。これら82校の入学定員総数は約９４００人。これに対して、医学部志願者数は毎年約13万人。単純に計算すると、倍率は13・８倍、13～14人に１人しか合格することができないということです。

私立大学医学部に限定して考えても、令和３年度の入試では、私立大学医学部

図２　医学部入試の入学志願者数の推移

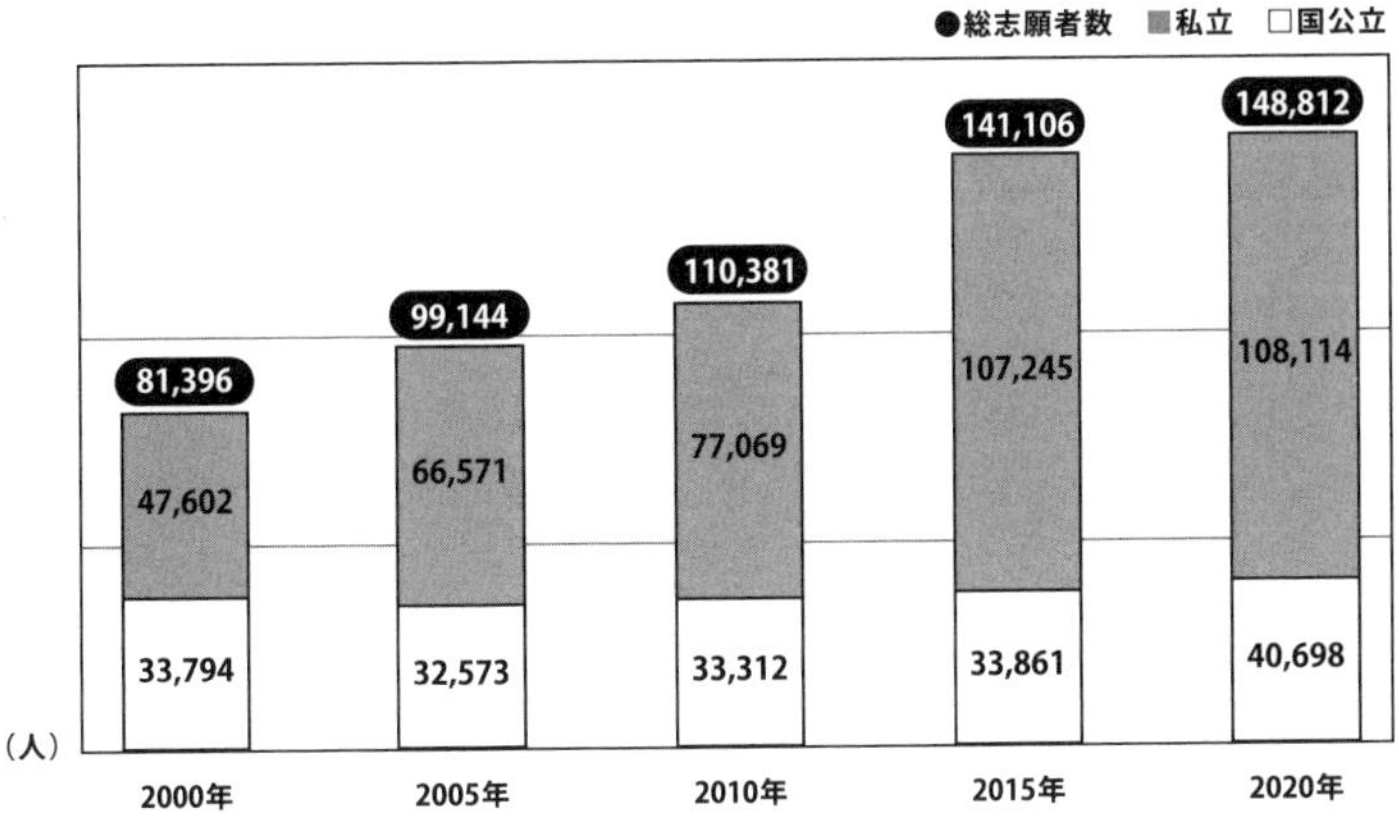

（文部科学省「学校基本調査」より作成）

の志願者数が約９・４万人に対し、私立大学医学部の定員数は３５８４人でした。倍率は26・2倍です。これは驚異的な数字だと言わざるを得ません。

図2は、医学部入試の入学志願者数の推移を表したグラフです。私立大学の医学部志願者は、ここ10～20年で急増しており、近年はその高い状態を維持している状況です。直近の数年間、わずかに志願者数が減少していることを受けて、「従来よりも医学部に入りやすくなっているのではないか？」と尋ねられることがありますが、そうではありません。

図3　共通テストの志願者数と受験者数

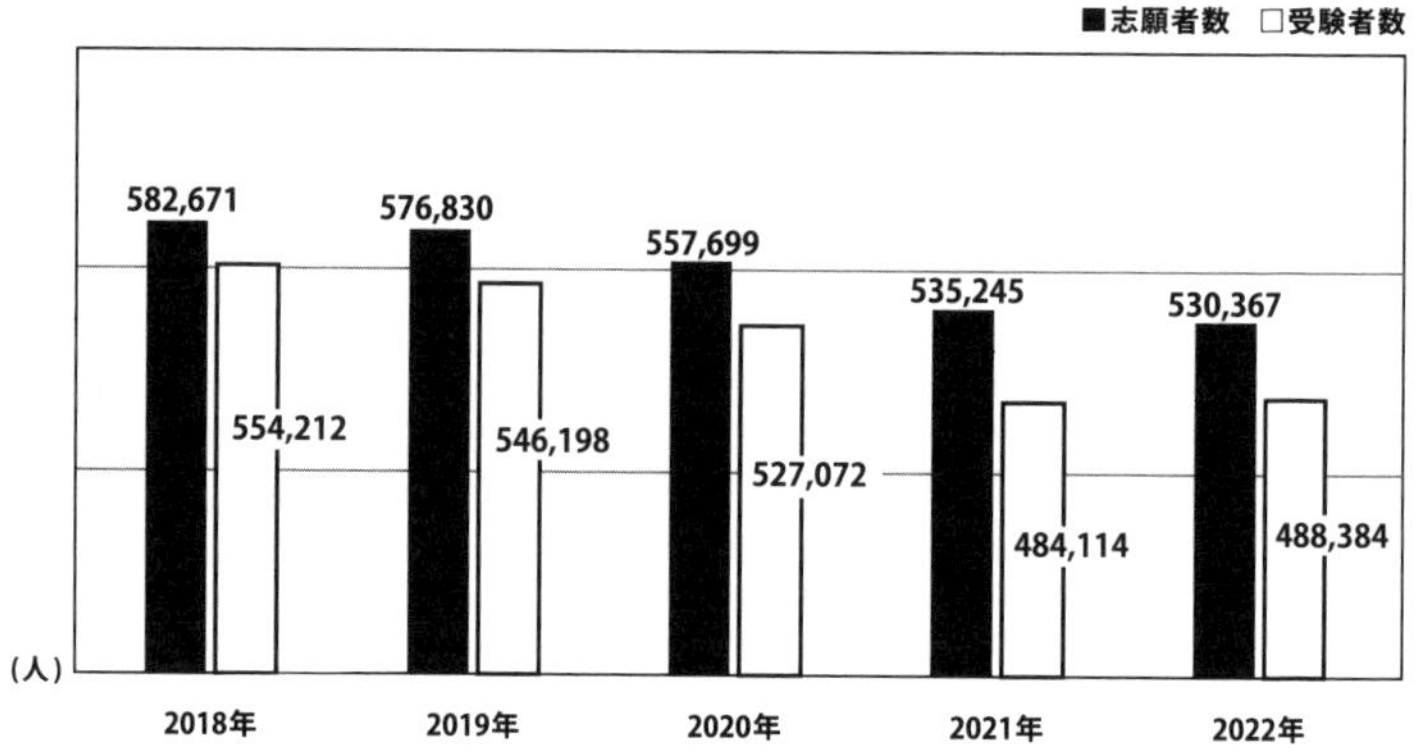

（大学入試センター公開情報より作成）

ここで大学受験全体の状況を見てみましょう。図3は、共通テストの志願者数と受験者数の推移を表したグラフです。近年の少子化の影響から、受験者数は毎年数万人単位で減少しています。もちろん共通テストを受験せずに大学進学する受験生もいますが、全体として大学受験者数が年々大きく減っていることをイメージしていただきやすいかと思います。医学部の受験者数も減ってはいるものの、大学受験者数の減少幅に比べると、実はその減少幅は微々たるものなのです。

医学部志願者数がこれほどまでに増えたのには、いくつか要因があります。まずは、東大・京大などの理系学部を目指していた受験生が、医学部を目指し始めたことです。昨今の不況の中、大企業に就職すれば安泰という考えが揺らぎ、それまでは医学部以外の学部を目指していた優秀な人たちが、医学部を目指すようになりました。

日本の医師免許には更新や定年の制度がありません。一度医師免許を取れば、定年がないため、自分が望む限り働き続けることができます。どれだけＡＩが発達してもなくならない職業であり、今後も人々から求め続けられる職業です。そういった意味でも、医師という職業に魅力を感じる受験生が増えていると考えられます。

さらに、医療による社会的課題解決のため、そもそもの医学部定員が増え、受験形式のバリエーションが増えたこと、また、全国の進学校が、成績優秀な生徒に医学部への進学を勧めるようになってきたことなども、医学部全体の志願者数が増えた一因です。

私立大学の医学部に焦点を当ててみると、これらの要因に加え、学費軽減の流れから、今まで受験を考えていなかった一般家庭まで受験者層が広がったことも、医学部志願者数の増加につながったと言えるでしょう。


また、2004年に導入された「医師臨床研修制度」が、医学部の中でも特に私立大学の受験者数を大きく増やしたと考えています。

医師臨床研修制度というのは、診療に従事しようとする医師は、医学部卒業後2年以上、厚生労働大臣の指定する病院において研修を受けなければならないという制度です。

この制度が導入されるまでは、医学部を卒業した研修医は、卒業した大学の医局に入り、医師としてのキャリアをスタートしていくという慣習がありました。厳密な決まりがあったわけではないのですが、出身大学と繋がりのない病院に入るのはハードルが高く、出身大学の医局に就職したほうがいろいろな面で働きやすいという風潮もありました。しかし、この医師臨床研修制度が導入されてからは、出身大学とは関係なく、他の大学病院や市中病院で研修を受けるという選択をする研修医が増えました。そして研修を終了した後も、出身大学に関わらず、自分の希望する病院へ就職することができるようになったのです。

では、この制度によって私立大学の医学部受験がどのように変化したのでしょうか。従来と比較して、「どの大学の医学部を卒業したのか」という点が重要視されなくなってきたということが、受験生の大学選びに強く影響しました。

出身大学がその後のキャリアに大きく影響を及ぼすとなれば、自分の医師としての将来を考えて、どの大学、どの医学部で学ぶかを慎重に選ぶべきであると考えるのは当然でしょう。しかし、この医師臨床研修制度が始まったことにより、出身大学にこだわるよりも、いち早く医師になることを優先する人が増えたのです。その結果、国公立大学や偏差値上位の大学に限定せず、立地や施設、カリキュラムや合格可能性で、自分と相性の良い私立大学の医学部を志望校とする受験生が増えました。

このように、医学部全体の志願者数が増えて競争が激化したことに伴い、国公立大学医学部の難易度上昇に続いて、私立大学医学部の難易度も大きく引き上げられたのです。

ここまでで私たちがお伝えしたいのは、近年大学受験者数が全体的に減少傾向にあっても医学部の志願者数はほとんど減っておらず、国公立大学、私立大学に関わらず激戦が続いているということです。30年前、あるいはそれ以前と今では医学部受験を取り巻く状況がまったく違うということをご理解いただけたでしょうか。

学費だけじゃない、私立大学と国公立大学の違い

これまで見てきたように、医学部受験者数は増加し、合格するために必要な学力レベルも高くなっています。

ここでは、これから医学部を受験しようと考えられている受験生と保護者の皆さまに、検討のポイントとなる国公立大学と私立大学の違いを３つご紹介します。

①学費
②教育方針・カリキュラム
③受験に必要な科目数と受験できる回数

特に、「③受験に必要な科目数と受験できる回数」については、これからの医

いポイントです。

学部受験にも大きく関わりますので、ご家庭でしっかりと話し合っていただきた

①学費

国公立大学と私立大学の違いを考えた時に、最初に思いつくのが学費の違いかと思いますが、やはり学費には大きな差があります。

医学部の6年間の学費は、国公立大学で300〜400万円ほど、私立大学の医学部では、最低でも2000万円ほどです。私立大学の中には、4000万円を超えるところもあります。

ただ、私立大学医学部においては、2008年の順天堂大学の学費の値下げを皮切りに、学費軽減の流れにあり、中には900万円ほど学費が下がった大学もあります。また「地域枠」など奨学金が貸与される受験形式も増えてきたので、以前よりは進学を検討しやすくなっているといえるでしょう。

②教育方針・カリキュラム

医学部の教育方針やカリキュラム構成などを比較すると、一般教養の時間と医学の専門教育の時間に違いが見られます。

国公立大学は、1、2年生の間に一般教養の時間が多く確保され、そのうえで、2年生以降に医学の専門授業が組まれていることが多いです。入学してすぐに医学の専門授業が始まらない、もしくは時間数が少ないことで、モチベーションを高く保ち続けるのが難しいという声も稀にありますが、大学での総合的な学びが得られるという良さがあります。

その点で、私立大学は入学して比較的早期に医学の専門授業がスタートする傾向にあります。また、国家試験の対策などを手厚く行なっているところも多いです。国公立大学に比べると、一般教養を学ぶ時間が少ない傾向にありますが、早い時期から医学の勉強を始められることに魅力を感じて、私立大学を志望される受験生もいます。

また、国公立大学・私立大学の違いではありませんが、他学部併設の大学であれば、文系・理系問わず他学部の学生との交流の機会を持ちやすいという良さがあり、医学部もしくは医療系の学部に限定された大学であれば、より多くの同じ夢を持つ仲間と出会えるという良さがあるでしょう。

③受験に必要な科目数と受験できる回数

まず、受験に必要な科目数について考えてみましょう。一部例外はありますが、全体的な傾向を書きます。

国公立は、英語、数学、理科2科目、国語、社会に加えて、小論文と面接。私立は、英語、数学、理科2科目と小論文、面接です。

この科目数の違いは、実は医学部合格のための戦略を練るうえでもかなり重要な要素です。それもそのはず、受験の科目数が違うということは、1科目に使える勉強時間も違ってくるからです。

医学部合格は総合得点で決まります。複数の得意科目が偏差値70を超えている人を除いて、基本的にはすべての科目を偏差値65に到達させなければなりません。その際に、受験に何科目必要になるかということが、最終全科目平均で偏差値65まで学力を伸ばし、医学部に到達できるかどうかに大きく影響するのです。

当たり前ですが、どんなに頑張ったとしても、１人の人間が1日に使える時間は24時間であると決まっています。必要な睡眠や食事の時間を考えると、勉強に充てられる時間はさらに限られます。科目数が少ないほうが、それぞれの科目の力を伸ばすには有利であることは間違いありません。

極端な例かもしれませんが、山登りをする際に40キロの荷物を背負いながら登るのが私立大学の医学部受験、同じ道を60キロの荷物を背負いながら登らなければならないのが国公立大学の医学部受験というようなイメージです。私立大学の医学部受験と国公立大学の医学部受験では、それくらい負担の差があります。

一般的に言うと、科目数が多く負担の大きな国公立大学医学部ではなく、私立大学医学部を目指して、英語、数学、理科２科目に集中して勉強したほうが、より早く合格しやすくなるのです。

さらに、受験できる回数という視点で考えてみます。

国公立大学の医学部に合格するためには、一般的には、共通テストで約85%をとり、かつ、二次試験において偏差値65をとる学力が必要です。どちらの条件も満たす必要があるうえに、二次試験は前期・後期だけで、すべての大学が統一の日程であるため、最大でも2回しか受験できません。

私立大学の場合は、試験日が大学によって異なり、また、同じ大学で複数試験日が設けられていることもあり、試験日が重ならない限り、受験できる回数を増やせます。

決して、受験に必要な科目数が少なく、受験回数が増やせるから、私立の医学部受験が簡単だ、と言っているわけではありません。何度もお伝えしているように、医学部受験において、私立大学と国公立大学のそれぞれの合格に求められる学力レベルはほとんど変わらないのです。ただ、受験生にとって、この違いは私立大学の「どこか1校に合格するチャンス」を少しだけ広げてくれるのです。

他にも国公立大学と私立大学の違いはありますが、まずはこうした違いを考慮して、ご家庭でもよく話し合っていただき、お子さまも保護者さまも納得して医学部受験に臨んでいただければと思います。

家庭で"完璧なサポート"ができなくても大丈夫

国公立大学にするか、私立大学にするかが決まっていない場合でも、「医学部」を目指すことが決まっているのであれば、いずれにせよ、すべての大学においても高い学力が求められます。まずは学力がなければ大学に入ることができないのですから、とにかく必死で勉強して、成績を上げていかなければなりません。

すでにお伝えしたように、医学部受験は、他学部の受験と比べて、倍率も難易度もとてつもなく高い受験です。医学部を目指す受験生たちは、日々プレッシャーと戦いながら勉強を続けるわけですが、大変なのは受験生本人だけではありません。

医学部合格を目指す我が子を見守り、サポートをする家族も大変です。「どうにかして我が子の夢を叶えてあげたい」「何かできることはないか」と、相談に来られる保護者さまもたくさんいらっしゃいます。

医学部合格のために本人が必死で勉強することはもちろん必須なのですが、できればその努力を最大限、結果につなげるために、効率が良く質の高い勉強ができるような環境を整えてあげる。これが、保護者さまにできることの1つです。

これまで多くの医学部志望のお子さまの保護者さまにお会いしてきましたが、ほとんどの保護者さまが、より良い学習環境づくりに熱心に取り組まれていました。

一方で、一生懸命になられるあまり保護者さまご自身が不安で仕方なくなってしまうケースも少なくありません。事実、私たちのところへ「先生、うちの子は大丈夫でしょうか」と不安になってお電話をくださる保護者さまも多く、我が子の受験が心配でいてもたってもいられないというご様子が伝わってきます。

「もし、今年の受験がうまくいかなければ、また来年……」

そんなプレッシャーが受験生本人だけでなく、保護者さまにも大きくのしかかっています。何も言わずに我が子の頑張りを黙って見守ってあげるべきなのかもしれない。でも、つい口を出してしまいたくなる……。受験生の保護者なら、誰しもそんな葛藤と戦った経験があるのではないでしょうか。

先ほど、不安で保護者さまがお電話をくださるとお伝えしましたが、そのような時に気をつけていただきたいとお話していることがあります。それは「保護者さまの感じている不安は、いくら隠そうとしても簡単にお子さまに伝わってしまう」ということです。

子どもは、生まれたその時から、それこそ言葉を覚えるよりも前から、親の表情や声色からその感情を読みとって育っているのです。言葉を選びカモフラージュしても、表情や声のトーンなど、様々な部分から、保護者さまの気持ちを敏感に察知しています。直接的に言葉で伝えなくても、不安でたまらない親の声を聞くと、それだけで、自分はやっぱりダメなのかもしれないと感じて自信をなくしていきます。

京都医塾では、保護者さまに対して「毎日、休むことなく通えていて、私どもから電話がなければ、よく頑張っている証拠です。ですから、毎日、褒めてあげてください」とお願いしています。

そうすると、生徒は安心して目の前の受験と向き合うことができ、勉強に集中できるようになります。それだけ、保護者さまの接し方が、お子さまに強く影響するということを心に留めて、医学部受験に向けて頑張るお子さまを見守ってあげてください。

不安にならないでくださいというのも、不安を自分だけで抱えておいてください、というのも、もちろん無理な話です。その不安は、お子さまではなく、信頼できる学校や塾・予備校の先生などに伝えてください。

確かな実績や経験に基づいて、客観的な視点でお子さまの合格に向けて何ができるかを一緒に考えてくれる第三者を見つけておくことも、親子で医学部受験を乗り切るために重要と言えるでしょう。

ご家庭だけで”完璧なサポート“ができなくても大丈夫です。

京都医塾は医学部受験をオススメはしない

ここまでで、医学部受験が、受験生本人や家族を含め、いかに大変なことであるかはおわかりいただけたかと思います。もしかしたら、「こんなに医学部受験って大変なのか。だったらやめておこうかな……」と思われた方もいるかもしれません。

驚かれるかもしれませんが、私どもは、医学部受験専門の塾を運営してはいますが、「医学部がオススメ」、「医学部に行くべきだ」とは決して言いません。

私たちから医学部受験を強く勧めるようなことは、これまで一度もありませんでした。

それどころか、私たちは医学部を受験したいという受験生に対して、「本当に医学部を受験したいのか？」と尋ねます。なぜ無理に勧めないのか。それは医学部受験がどれだけ大変であるかを理解しているからです。

医学部受験を本気で始めるのならば、何を置いても、まずは「覚悟」が必要です。その本気の覚悟が確認できれば、やっと、私たち京都医塾は、医学部合格に向けての全力サポートを始めることができるのです。詳しくは、次の章でお話していきましょう。

COLUMN

教えて 清家塾長！

医学部に合格するためには個別指導がベスト？

昨今、塾・予備校の世界では「個別指導」が人気です。医学部受験においても、自分に合った指導を受けられるという理由で、個別専門塾・予備校が増えてきました。もちろん個別指導にはたくさんのメリットがあります。

しかし、本当に「個別指導」は良いことずくめでしょうか？

個別指導のメリットは、なんといっても受講者のわからないところに徹底的に向き合えるところ。その生徒がつまずいたところまで戻って、わかるまでとことん指導できる。短期間で自分の弱点を克服したい時や、受験校の大学別対策を集中的に行ってほしい時など、大きな学習効果が期待できます。

一方で、デメリットは授業の主導権を受講者が握ってしまうところです。例えば、数学で8問の問題解説を進めないといけないところ、受講者が「予習してみたけれど、まったくわかりませんでした、解けませんでした」という場合、授業時間内に8問全部の解説はできません。おそらく3問くらいの問題をしっかり丁寧に解説してその回の授業が終わることになります。それはそれで良い授業ですし、受講者も満足すると思いますが、その実、進むべき進度の8分の3しか進めていません。

このように、授業のイニシアチブを受講者が握ってしまうと、合格に必要なカリキュラム、学習量の数分の一しか授業が進まないということが起こりえます。それが繰り返されれば、入試本番までに合格ラインの学力に到達しないことは明らかです。また、受講者が熱心に質問すること自体は悪くないのですが、その内容が本来押さえるべき内容から外れたものに終始する場合は問題です。限られた時間内において、必要な内容を教わることなく授業時間が終了するということもよくあることです。知識、理解が不足しているところを個別指導でとことんケアしてもらうことは有意義ですが、それだけでは不十分で、合格するために必要な進度を保って、カリキュラムを確実に進めなければいけません。

一方で集団授業と聞くと、ついていけなくなるのが心配と感じる受験生も多いと思いますが、細かくレベル分けされた少人数のクラスで、自分と同じ能力を持った生徒たちとともに学習していけば問題ありません。

もちろん、習熟度が低い学習内容をピンポイントに対策してもらえない、学期の途中から参加した場合、参加前に授業で扱われた内容を自分で補わなければいけないなど、デメリットは存在します。しかし、入試という時間が限られた勝負の中で、十分な学習進度を確保し、他の受験生と切磋琢磨する環境も、受験生には必要不可欠です。

集団授業では、みんなと一緒に頑張ろうという連帯感が味わえるだけではなく、他の受講者には負けたくないという競争心も刺激されます。そして、他の受講者の努力や頑張り、テストの結果や講師の発問への解答などを目の当たりにし、自分の精一杯、それ以上に他の受講生は頑張っているんだ、という気づきを得ることもあります。

学習のモチベーションを維持し続けるためには、こうした刺激はむしろ必要なものです。

ですから、生徒一人ひとりに合わせて徹底指導できる「個別指導」と合格に必要な進度を保ってカリキュラムを確実に前に進められる「集団授業」。それらを受験生一人ひとりの特性や現状の学習状況、そして目標に対して、最適に組み合わせていくこと。これこそが、難関を極める医学部入試において、特に偏差値40台などから逆転合格するためには理想的な学習システムなのです。

京都医塾は、完全1対1個人授業×レベル別集団授業のハイブリッドです。

ちなみに、京都医塾では、1対1で行う授業形態は、個別指導ではなく「個人授業」と呼びます。なぜかと言うと、集団授業を担当することができる各科目のエキスパート講師が、その生徒の特性や、現状の学力、志望校、他科目を含めた総合成績を把握し、そのうえで生徒1人のためだけに行う「授業」だからです。

また、レベル別クラス編成の集団授業と一口に言っても、一般的な塾・予備校では、模試や実力テストなどの英数理科2科目の合計4科目の平均偏差値で大まかにクラス分けをしているだけの場合もあります。

京都医塾の集団授業では各科目の習熟度に合わせて、例えば英語は11クラス、化学は12クラスなど、レベル別の編成を行います。そのため、得意な英語は最も発展的な内容を扱うクラスに、苦手な化学は基礎的な内容から始めるクラスに、というような編成が可能です。

その組み合わせは英数理科2科目の4科目だけでも、10000通りを超えます。ここにさらに完全1対1個人授業が組み合わさり、医学部に合格するための、生徒一人ひとりまったく異なるオーダーメイドカリキュラムが完成するのです。

第2章

医学部合格は簡単じゃない。
だからこそ覚悟を決めよう。

"なんとなく医学部"では戦い抜けない

前章では、近年の医学部受験を取り巻く状況についてお伝えしました。30年前、あるいはそれ以前に比べると、国公立大学、私立大学に関わらず医学部の受験が非常に難しくなってきていることがおわかりいただけたと思います。もしかしたら、前章をお読みになって、医学部受験を諦めようかと考え始められた方もいらっしゃるかもしれません。私たちが、あえて最初に厳しいことをお伝えしたのには、理由があります。

医学部合格への道は、受験生本人にとっても、ご家族にとっても、想像以上に長く険しいものです。医学部受験をいつからスタートするかは人それぞれなので、合格するまでの実際の時間は異なりますが、合格を勝ち取るまでの時間は、多くの場合とてつもなく長く感じられるものです。最初は「医学部を目指して頑張ります」と意気込んでいた受験生も、なかなか思うような成果が出なくてつらいなどの理由から、道の途中で挫折して諦めてしまうという場合も少なくないのです。

前章でも申し上げたように、私たち京都医塾は、医学部専門の予備校ではありますが、私たちから「医学部に行くべきだ」と言うことは決してありません。

当たり前のことですが、人生には医師以外にもたくさんの有意義な選択肢があります。だからこそ、「なんとなく医学部」「できたら医学部が良いな」という気持ちでいるなら、最初から医学部受験に踏み込まないほうが良い場合もあります。

生半可な気持ちでは今の苛烈な医学部受験を最後まで戦い抜くことはできないということを、受験生本人にも保護者さまにも、初めに理解していただきたかったのです。

医学部合格に必要な3つのこと

それでは、医学部に合格するためには、どんなことが必要なのでしょうか。受験生にとって必要なことは、次の3つに集約されます。そしてこれらは、京都医塾に入塾する際の約束事でもあります。これら3つをしっかりと守っていただける限りは、私たちも、生徒の医学部合格のために、全力でサポートします。

①本気の覚悟を持つこと
②素直な姿勢でいること
③感謝の気持ちを持つこと

①本気の覚悟を持つこと

漠然と「医学部に行きたい」と考える受験生はたくさんいます。

しかし、再三お伝えしているように、多くの受験生にとって医学部に合格するのはかなり大変なことです。医学部を目指すということは、簡単には成し遂げられない目標へのチャレンジです。実は、このことを認識できていない受験生もたくさんいます。

では、簡単には成し遂げられないこのチャレンジにおいて、なんとか合格を勝ち取るためには、一体どうしたら良いのでしょうか。

合格を勝ち取るためには、他の何を置いてでも、医学部合格を掴み取るんだという強い気持ちを持って、合格まではひたすら勉強に専念するのです。

「医学部に行きたいとは思うけれど、趣味の時間は減らしたくない。友だちとの付き合いは我慢したくない」では、合格できるわけがありません。

まずは、医学部を目指すと決めたのは「自分自身」であることを、しっかりと自覚しましょう。「親が医学部に行けと言ったから」「代々医師家系だから、仕方なく」など、家族や境遇のせいにするのをやめましょう。

医師になりたいのは自分。医学部に行きたいのは自らの夢。誰に言われたからでもない。その思いを確認してから前に進まなければ、長く険しい医学部合格までの道のりの途中で思うようにいかないことがあった時、自分以外のところに頑張らない言い訳を見つけて、簡単に途中で諦めることになるでしょう。

「本気の覚悟」とは、自分の現状を見据えたうえで、医学部合格のために必要なすべてのことに全力で向き合い、逃げずに最後まで戦い抜くと心に決めることです。

②素直な姿勢でいること

「医学部に合格しやすいのはどんな受験生ですか？」という質問をいただくことがあります。難しい質問ですが、あえて言うなら「素直な受験生」であると答えます。もちろん、他にもいくつかの要素がありますが、学力レベルに関わらず、素直な人は伸びます。

なぜなら、医学部受験を本気で始めると決めたなら、多くの場合、自分の今までのやり方を変えていかなければならないからです。変わることを素直に受け入れて取り組める受験生は、これから大きく成績を伸ばし、未来をも変える可能性があります。医学部を目指して勉強してきたのに成果が出ていない場合、今までと同じことをしていては、今後も大きく結果は変わらないでしょう。我流のやり方、こだわり、誤った習慣を捨てられず、成績が伸び悩んでいる受験生はたくさんいます。

例えば「自分は夜のほうが集中できる」という人がいるとします。勉強が捗りやすいと感じる時間帯はそれぞれあるでしょうが、受験本番では、そうした自分の好みは関係ありません。

共通テストであれば２日間、朝から夕方までの間に最高の力を出し切らなければばなりません。自分の好きな時間に勉強するというスタイルを捨て、日頃から、受験本番に最大限、力を発揮できるような生活リズムに変えておく必要があるのです。

京都医塾では、365日、1日約14時間の学習を徹底して続けられるような仕組みを作っています。詳しくは第3章でご説明しますが、毎日の生活リズムとしては、朝は6時に起床し、14時間以上の勉強をした後、24時までには就寝することになっています。これらはすべて、学習時間とその効率を最大化して勉強を継続するためです。

もちろん、体調を崩し、勉強ができない期間ができてしまっては大きなロスです。そこで、入塾後はまず、生活リズムを整えることから始めてもらいます。ほとんどの生徒が、それまでの自分の生活リズムとは異なる生活をすることになります。慣れるまでは大変だと感じる生徒も多いのですが、そこを越えてしまえば、医学部合格に向けて最大効率で勉強を継続できる生活リズムが確立できます。

ここでは、生活リズムに限定してお話ししましたが、京都医塾が医学部合格のために必要だと伝えることを素直に受け入れて、「まずはやってみる」。素直に変わろうとできるかどうかが重要です。

過去にこんなケースがありました。

医学部を目指すご子息と一緒に、初めて京都医塾に相談に来られた時、お母さまは「この子はとても良い子で、かしこい子なんです。やればできるんです。でも、今はまったく勉強に集中できていない。すぐにゲームに逃げてしまって……。その結果、今年もダメでした」とお話しくださいました。この生徒は、前年度は有名大手予備校に通っていたのですが、高校生の時も浪人してからも、ずっとゲームをやめることができず、お母さまがゲーム機器を取り上げては本人が奪還してまたゲームを始める、ということを繰り返してきたということでした。

入塾前のカウンセリングの中で、保護者さまの思いや本人の気持ちをしっかりとお伺いし、そのうえで私は彼に覚悟を問いました。最終的に彼は「今度こそ本気で医学部受験に専念します」「ここなら自分は変われる。京都医塾で変わりたい!」と決意を語りました。今までのこともあり半信半疑のお母さまを横に、彼は私に向かって「今日でゲームは封印します。医学部に合格する日まで」と自ら約束をし、「明日から京都医塾に来ます」と告げました。そして本当に引っ越しも待たずに、翌日から京都医塾に通い出し、必死で勉強を始めたのでした。

しかし、いよいよ荷物の引っ越しというその日、お母さまから電話がありました。

「先生! 入塾を辞めます! 引っ越し業者もキャンセルしました」

明らかに興奮した口調のお母さまに事情を尋ねてみると、「あれだけ先生に約束したにも関わらず、息子は寮にゲームを持っていこうとしているんですよ。それも全部! 家の中にあったゲームがすっからかんなんです。また、裏切られました!」とのこと。お母さまは、「もうダメだ、この子は変わらない」と思い、医学部受験を諦めさせることまで考えられたようです。

ただ、私は彼が「京都医塾に入って本気で医学部を目指す」と決めたあの日から、話し方も目の色も変わってきているのを感じていました。そんな彼がなぜ? 何か理由があるかもしれないと思い、彼の自習している個人ブースに行って、直接本人と話をすることにしました。

するとと彼は、このように話してくれました。

「京都医塾で変わりたい。ゲームは合格まで封印すると決めたから、すべてのゲームを段ボールに入れガムテープで封をして、父親の書斎に隠してある。嘘か本当かは確かめてもらえればわかるけれど、いちいち母親に話すのは面倒だった」

事実、お父さまの書斎には本人が隠したというゲームがすべてありました。寮に持っていこうとしていたのではなく、彼は、「本気の覚悟」を持ってゲームと決別しようとしていたんですね。

「本気の覚悟」を持ち、「素直」に自分を変えようとしてくれた彼は、京都医塾に入塾して以降、別人のように勉強に専念し、メキメキと力をつけ、その年、何年も叶わなかった医学部合格を成し遂げたのです。

本人が変わると、周りも変わります。ゲームが好きだった彼は、京都医塾で見違えるように熱心に勉強するようになりました。お母さまは、春先はまだ「きっとまたゲームをやり出すはず！」と心配されていましたが、三者面談で、すっかり変わった彼の姿の報告を受けていく中で、秋口にはもうそんなことは一言もおっしゃらなくなりました。翌年の春、合格のご挨拶と引っ越しのために親子揃って来塾されたその時は、頼もしそうにわが子を見つめる優しいお母さまの姿がありました。その後、医学部に進学した彼は、日々医学の勉強に邁進し、充実した日々を送っていると聞いています。

医学部に合格するために自分を変えること。生活リズムだけでなく、勉強の方法、必要であれば単語の暗記の仕方に至るまで細かく講師陣が指導していきます。それを素直に受け入れて、実践することが重要です。

「自分のやり方と違う」と言わずに、まずはやってみるという素直な姿勢を持っている生徒のほうが、圧倒的に医学部合格を確実なものにしています。

③感謝の気持ちを持つこと

なんとしても合格するんだという本気の覚悟を持つことと、合格のために素直な姿勢に変わることを受け入れていくこと。この２つは、医学部合格に直結する要素です。

加えて大切にしてほしいのが、勉強に専念し、自分の夢に向かってチャレンジする機会をいただけることへの感謝の気持ちです。

京都医塾に限らず、塾・予備校に通わせてもらえる、浪人させてもらえる、大学に行かせてもらえる、勉強だけに専念させてもらえる……そんな環境は、決して当たり前ではありません。自分が今、目の前の勉強に専念できるのは周りの人たちのサポートがあってこそだということを理解しなければなりません。そのことを理解し、感謝の気持ちを持っていれば、受験勉強に対して、より真剣に、謙虚に向き合えます。

受験生からすれば、最も感謝すべき対象は保護者さまになるかと思います。世の中には、勉強したくてもそれが許されない人も大勢います。大学に進学したいいます。

と思っても、経済的な理由などで諦めなければならない人もたくさんいらっしゃ

います。

私たち京都医塾では、勉強できることや大学に行けること、ましてや自らの夢のために浪人させてもらえることを、贅沢なことであると生徒に伝えます。

医師になる、その夢に向かって全力で努力することは素晴らしいことですが、医師を目指しているからといって特別な人間になったわけではありません。また、しっかりとした受験勉強の先に晴れて医学部合格を掴み、医師になれたとしても、それだけで人間的に特別な存在になるわけでもありません。病める人々を癒す医師になるのであれば、知性を磨くだけでなく、人間としても成長してほしい。私たちはそう願っています。

いつも謙虚で、自分の置かれている環境に対し感謝の気持ちを持てること。

これが、夢を実現するうえでも、人間として成長するうえでも大切であると考えています。

京都医塾に入塾した生徒たちは、これらの約束をしっかりと守ってくれています。今日も皆、朝は６時に起床し、熱意溢れる講師陣と真剣に、そして謙虚に勉強と向き合っています。

すべては、医学部合格のため、自らの夢を実現するためです。

親の心子知らず？受験準備の前に子どもの覚悟を問おう

「なんとか医学部受験を成功させてあげたい」という保護者さまの気持ちとは裏腹に、肝心の本人が煮え切らないという場合も少なくありません。「自分はどちらでも良い」とか「別にどうしても医学部に行きたいわけじゃない」と口にしたりするのです。このようなケースは決して稀でなく、よくある話です。

そんな時は一体どのようにしていけば良いのでしょうか。

まずは、保護者さまは「医学部に行ってほしい」と本人に言わないことです。

そうお伝えすると、「もともと私は、この子に医師になれとは言っていません」とおっしゃられる保護者さまもおられます。しかし、直接的な言葉では伝えていないだけで、「医師になってほしい」という気持ちが本人に強く伝わっていることもあります。その言外のプレッシャーも、受験生本人に大きな影響を与えている場合があります。

子どもの将来のために幼少期からしっかりと学習環境を整えてこられたご家庭もあるかもしれませんが、保護者さまだけが先走ってすべてを整え、誘導しすぎると、本気の覚悟ができていない受験生にとっては、それが本気で取り組まない恰好の言い訳になっていることもよくあります。幼い子どもであれば、保護者さまがすべてを整え誘導する方法でうまくいくこともありますが、大学受験を迎える年齢ともなると、どうしても本人の意思が重要になってきます。

そのため、私たち京都医塾では、入塾前に必ず本人に医学部を目指す「本気の覚悟」があるかを確かめます。それはどの生徒に対してもです。

先ほど例に挙げたように、受験生本人が医学部受験に前向きになりきれていない状態であることを保護者さまが悩まれている場合、京都医塾に頼めばなんとかうまく説得してもらえるのではないかという希望を抱いていらっしゃることもあります。

大変申し訳ありませんが、私たちは「是非医学部に行きなさい」と説得することはしません。逆に、「受験生本人が、必ずしも医学部じゃなくて良いと思っているくらいの気持ちなら、いくら京都医塾であっても合格へ導くことは難しいですよ」と、はっきりお伝えします。

その場合、本人には、このように話します。

「本当は医学部に行きたいわけではなく、仕方なく医学部を受けることになっているというのであれば、今この場ではっきりと医学部受験は嫌だと言えば良い。なぜなら、その心持ちのままであれば、医学部に合格することは難しいからだ。保護者さまが、それでもどうしても医学部に行きなさいとおっしゃるのであれば、私たちが一緒に話をしてあげよう。だから、その前に、最後にもう一度しっかり考えてみてほしい。自分自身は、本当に医学部に行きたいのか、それとも行きたくないのか、しっかり自問して、はっきり伝えてほしい」

この時、「自分は絶対に医者にはなれない」のだとイメージしてもらい、どう感じるのかを聞いています。

そこで、ショックを感じるのか、ほっと安心するのか。それが本心です。「医学部志望は必ずしも絶対ではない」と言っていた受験生の口から、突然「それは困る」という言葉が出てくることがあります。

それまでは、なんとなく自分に自信がなかったり、勉強以外のことに夢中になって気が散っていたり、保護者さまの思いの強さと比べて覚悟が決まらず必死になれなかったりと、様々な思いがあるようですが、心の底では本気で医者になりたいと思っている子であれば、このように尋ねると、必ず「医学部に行きたい」と返事をします。

そして、その言葉が本当なのかどうかを確かめるために、「明日、また同じことを聞くから」と伝えて帰らせます。

次の日にも「医学部にどうしても行きたい。医学部を本気で目指します」という返事をもらったら、次はこのように伝えます。

「本当に医学部に行きたいのであれば、家に帰ってから、自分の言葉で保護者さまにしっかりと『医学部に行きたいです』とお願いしなければダメ。京都医塾に入塾するのであれば、この1年、本当に勉強に専念する覚悟があるのかも自分に問うて考えてきてほしい」

自分から保護者さまに頭を下げて、「医学部受験をさせてほしい」とお願いできるほどの気持ちがあるのであれば、本気です。そこで「京都医塾で一緒に頑張ろう」となります。

本人に「やらされている感」が残っていると、いくら私たちが全力を尽くしても医学部合格は難しいため、これだけの時間をかけてしっかりと考えてもらっています。

本人に「本気の覚悟」があるのか。私たちはそのことを非常に重視しています。

医学部に行ったからといって、それだけで薔薇色の人生になるわけではありません。医学部に合格した後には、医学部生としての膨大な勉強、実習が待ち受けており、CBT[2]があり、卒業試験があり、国家試験があり、無事卒業後もすぐに2年間の初期臨床研修があります。それが終わってようやく一人前。責任は重く、常に命と向き合い続ける仕事です。そんな厳しい世界に飛び込もうというのに、その入口に立つ前から覚悟が固まっていない状態では、頑張り続けられるわけがないのです。入塾の際に本人に覚悟を問うことは、その後のあらゆる困難

[2] Computer Based Testing / 医学部4年生までに修得するべき範囲から、基本的・普遍的医学知識を身につけているかを評価する試験。試験はパソコンで実施され、無作為に抽出された問題が出題されます。

に立ち向かい乗り越えていくためにも必要なことだと確信しています。

一見、本人にやる気がなかなか見られないケースでも、本当は心の中で医師になりたいと思っていることもあります。今の自分の成績では、到底目標に届かないことがわかっていて、「絶対医師になる」と表明したら「あなたには無理だよ」と言われたり、笑われるのでないかと考え、口に出せないでいる場合です。

もしそうならば、やるべきことはただ一つ。しっかりと学力を、そして学力に裏打ちされた自信をつけてあげるだけです。

親子の適切な距離感も医学部受験の要

受験期の親子関係は、時に、非常にセンシティブな問題となり得ます。特に難関である医学部受験の場合においては、なお一層、親子ともに強いストレスがかかることでしょう。

前項で触れたように、保護者さまだけが熱くなってしまって、本人とのギャップがあるケースもありますし、本人は一生懸命頑張っているのに、保護者さまが評価し、認めてあげられないケースもあります。

京都医塾では、様々なご家庭の状況に応じて、客観的なアドバイスをいたします。

例えば、保護者さまが熱心になりすぎて口を出しすぎるあまり、本人が力を出しきれていない状況なのであれば、少し距離をとってみることが有効です。
そういう意味で、京都医塾で1年間寮に入って学ぶ、つまり京都留学をすることは、親子の適切な距離を生んでいると言えるかもしれません。

保護者さまとしても、お子さまの成績が芳しくなければ、もどかしく感じてしまうのは当然です。ただ、第1章でもお伝えしましたが、保護者さまの接し方はお子さまに強く影響します。不安や苛立ちを、そのまま言葉や表情、声のトーンなどに出してしまうと、本人に大きなプレッシャーがかかったり、モチベーションを下げることになってしまいます。

京都医塾においても、保護者さまが不安や苛立ちを感じておられる場合は、テストの点数だけで本人の頑張りを評価しないでほしいと、私たちから保護者さまにお願いします。京都医塾での日々の取り組み、小テストや授業への姿勢などを総合的に見たうえで正しく分析を行い、本人がどのように変われているか、頑張っているかをお伝えすることにより、保護者さまも冷静に見守っていただけることも多くあります。

本人の性格を一番よく知っているはずなのに、この受験期にどのような声かけ、接し方をして良いのかわからない、わかっていてもそれができないという保護者さまもたくさんいらっしゃいます。近しい関係であるがゆえに、自分たちのことを冷静に客観的に分析できず、どうしても感情的になってしまうことがあるようです。

受験生本人からすると、せっかく頑張っていても、親の求める基準でなければ褒めてもらえないということが続くと、前向きに勉強に取り組めなくなっていきます。医学部受験は、結局のところ本人がやるかやらないかに尽きますが、適切な距離感を保って、保護者さまが必要なところできちんと頑張りを認めてあげたり、褒めてあげたりするほうが、本人もモチベーション高く勉強を継続し、しっかりと力をつけていっているように感じます。

COLUMN

教えて
清家塾長！

理科の受験科目は生物か物理、どっちを選択すべき？

医学部志望の方は、国公立大学、私立大学問わず、理科の選択についていてどこかのタイミングで決定しなければいけません。入試科目の関係でも、化学はほぼ必須。地学を選択する方は少数かと思いますので、生物か物理、どちらを選択すべきかは悩みどころかと思います。

学校でも理科科目の選択をしなければいけない高校生の方はもちろん、高卒生であっても、高校の時に物理がまったく得点できなかったため、浪人を始めるにあたって生物に受験科目を変えようと思っているというご相談、またはその逆のパターンのご相談を受けることも多くなってきました。

まずは生物、物理それぞれのメリットデメリットについてご説明します。

生物を選択するメリット①　点数が安定しやすい

生物は複雑な計算を要する問題が少ないため、計算ミスによる失点が起こりにくいです。物理では、1つのミスが連鎖的な失点を招いてしまうケースもありますが、生物の計算問題では、設問が独立していることから1つのミスをきっかけに多くの失点を招くことは少ないと言えるでしょう。とはいえ、単純な計算ミスや漢字間違い、文字間違いが積もり積もって大量失点する可能性はあるので注意すべきです。

生物を選択するメリット②　化学にも活かせる知識

高分子化合物で取り扱う分野のうち、天然高分子化合物の分野では、核酸や糖、タンパク質などは生物と化学、両方の科目でいかすことができます。天然高分子化合物は、暗記量や計算量も多く、毎年多くの受験生が苦労するところですが、あらかじめ生物を勉強しておけば復習感覚で授業に臨めるはずです。

生物を選択するメリット③　医学部入学後も役立つ

大学の医学部では分子生物学や生命科学を学習していきますが、これらの単元は高校生物の基礎があることでスムーズに理解することができます。物理選択者が困らないように基礎分野から授業は行われますが、生物選択者は、スタートの時点で多少楽をすることができるのです。

これだけ聞くと、生物は良いことずくめと思われるかもしれませんが、もちろんデメリットもあります。

生物を選択するデメリット①　暗記量がかなり多い

問題を解く前提となる基礎知識の量は物理の数倍必要です。幅広い分野から出題される傾向が強いうえに、各分野をミックスさせた出題も多々あるため、広範囲の知識を体系的に整理して覚えておく必要があります。

また、医学と無関係な植物の内容などもあり、そもそも科目に興味がない生徒に関しては、知識習得の大きなハードルになります。

生物を選択するデメリット②　読解力・記述力が必要

まず問題のリード文などが理科の他科目と比べて長く、読解力・スピードが必要です。

また、これは特に難関大学に多いのですが、記述問題の文字数がかなり多く、数百文字記述を課される問題などはざらにあります。こちらも、正確な知識に裏付けられた正確な文章を記述する力、あと単純に入試本番で制限時間内にバリバリ記述できる力が必要です。

生物を選択するデメリット③　高得点が取りにくい

生物は、難関大学になればなるほど、マニアックな問題が増えます。専門分野の世界では常識的な知識でも、大学入試レベルの生物としては、非常に対応が難しい知識が出題されることもあります。

単純に知識を習得しても、漢字ミスでの減点や、用語を正確に記述できないと失点したりする落とし穴がたくさんあるため、満点に近い得点はなかなか難しい面があります。

一方、受験において物理を選択するメリット・デメリットはどうでしょうか。

物理を選択するメリット①　暗記量が少ない

物理は、他の理科科目に比べると単純な知識の暗記量は数分の1でしょう。公式の意味や使い方をきちんと理解しながら勉強を進めることができれば、生物ほど細かな暗記は必要ないので、比較的短い時間で各単元を網羅的に学習することが可能です。

物理を選択するメリット②　高得点を狙いやすい

物理は、ミスをしなければ高得点を取りやすい科目です。また、①でも述べたように、少ない時間で一通り学習できるので、残った時間で学習を深められます。その意味でも高得点を狙いやすい科目と言えます。ただし、序盤の1つのミスが連鎖的な間違いにつながり、その結果として大きく失点してしまうことも珍しくありません。いわゆる、ハイリスク・ハイリターンな科目です。

物理を選択するメリット③　どこの医学部も受験できる

医学部には、入試で物理が必須の大学があります。国公立大学に限りますが、例えば、九州大学や北海道大学、金沢大学などは2022年度現在、入試で物理が必須です。つまり、物理を選択しておけば、選択科目で志望校が制限されることがなくなります。

また工学系などと併願の場合は生物選択ができない場合も。しかし医学部の併願は、薬学部・歯学部が多いので、併願に関しては、あまり生物と差がない可能性もあります。


暗記量が少なく、少ない時間で全範囲網羅できて、しかも高得点が狙える。「これはとても良いのでは」と思われた方も多いのではないでしょうか？

もちろんデメリットはありますから、しっかり確認してください。

物理を選択するデメリット①　数学が苦手な人には向かない

物理には、ある程度の高い計算力が求められます。高校数学の基礎レベルの問題であればスラスラと解く程度の計算力は必要です。基本的な数学の問題を速く、そして正確に解く能力が乏しい人など、数学的な処理が苦手な人には物理は難しい科目と言えるでしょう。

物理を選択するデメリット②　暗記だけでは通用しない

一般に、公式や解法の仕組みを理解せずただ丸暗記しただけの状態では、いくら演習を繰り返しても、少し捻った問題が出てしまうだけで手も足も出なくなります。そして、医学部の物理の試験では、そのようによく練られた問題が多く出題されています。したがって、単純暗記だけで満足な点数を取ることは、まず不可能です。

物理を選択するデメリット③　大学に入ってから活用する機会が少ない

物理は、医学部に進学してから活用することが難しい科目です。例えば、生物の知識であれば解剖学や生理学、生化学、細菌学など広範囲に渡って応用が可能です。一方、物理は全体把握の能力が養われるといったメリットがあるものの、生物ほど進学後に活用する機会には恵まれません。

図4　生物選択と物理選択のメリット・デメリット

	生物選択	物理選択
メリット	①点数が安定しやすい ②化学にも活かせる知識 ③医学部入学後も役立つ	①暗記量は少ない ②高得点を狙いやすい ③どこの医学部も受験できる
デメリット	①暗記量がかなり多い ②読解力・記述力が必要 ③高得点が取りにくい	①数学が苦手な人には向かない ②暗記が通用しない ③大学に入ってから活用する機会が少ない

生物選択と物理選択のメリット・デメリットをまとめると図4のようになります。メリット・デメリットが出揃ったところで、それぞれの科目選択に適性がある受験生とはどんな方か見ていきましょう。

生物選択に適性がある受験生

生物は高得点は難しいけれども得点を安定させやすい科目です。生物やヒトの身体に興味があり、能動的に大量の知識をこつこつ暗記・整理し続けられる真面目な受験生や、数学は苦手だが文章の読解や記述が苦ではなく、理科は点数を稼ぐというよりも点数を安定させることを優先し、他の教科で攻めたいという受験生に適した科目と言えるでしょう。

物理選択に適性がある受験生

物理は効率よく全範囲を学習でき、満点を含む高得点が狙いやすい科目です。しかし、複雑な計算やリンクされた設問が多く、連鎖的に大量失点するリスクも。数学に得意意識があり、暗記が苦手で全体の学習時間を効率化したいという受験生や、物理で高得点を獲得して合格のための武器にしたいという受験生に適した科目と言えます。

これから理科の選択科目を決めるという現役生は、以上を是非参考にしてください。

高卒生で、理科の得点の伸び悩みに困っており科目選択の変更を検討している受験生は、くれぐれも慎重に。これまでの学習がリセットされてしまうことに加えて、入試までに学習が完了するのか時間的な問題もあります。

選択に悩んだ際は、是非、京都医塾にご相談ください。徹底的に分析して、ベストなアドバイスをさせていただきます。

第3章

医学部に逆転合格するために

誰だって【医学部に合格できる必勝法】を知りたいけど……

巷には、○○システム、○○メソッドなど、たくさんの塾・予備校が、独自のシステムやノウハウに名前を付けて生徒を募集しています。受験関連本なども「これだけやれば大丈夫！」と謳う文言が並んでいます。

もちろん「合格必勝法」を求める心情は理解できますし、そんなものがあるなら誰でも知りたいと思うのは当然のことです。しかしながら、医学部合格に「万人に共通の必勝法」のような簡単なメソッドはない、と私たちは断言できます。

それではなぜ私たち京都医塾が、医学部受験において、偏差値40台からでも、毎年高い合格率を出しているのか。

その医学部逆転合格の秘訣を、ずばりお伝えします。
偏差値40台からの医学部逆転合格の秘訣は【プランニング】にあります。

「プランニングって何？」
「オーダーメイドのカリキュラムや時間割と何が違うの？」

この章では、それらの疑問に具体的にお答えしていきます。

偏差値40台からの医学部逆転合格の秘訣はプランニング

入塾時に選抜テストを行っていない京都医塾から、60%以上の高卒生が医学部に進学している[3]、中には偏差値30台から1年で合格する生徒がいると聞くと大半の方が驚かれると思います。

しかし、前項でもお伝えしたように、万人に共通の必勝法や合格メソッドは「ない」。でも、医学部に逆転合格できる秘訣は「ある」。それが【プランニング】なのです。

プランニングとは、次の3段階にわかれます。

[3] 2022年度入試において、2021年4月時点で偏差値40以上の高卒生が68%医学部医学科に最終合格。

①現状を徹底的に分析する
②ベストなカリキュラムを作成し続ける
③プランを確実に実行する

プランニング①　現状を徹底的に分析する

１人の受験生が持っている特性やポテンシャル（潜在的な学力）、どのレベルから始めなければいけないのか、スタートラインは一人ひとりまったく違います。現状を正しく理解する、例えば、現在の学習の進捗はもちろん、既習範囲の理解度、現在の学力と医学部合格に求められる学力レベルとのギャップを正しく知ることが必要です。

ただし、全国模試の成績表だけで、受験生が自身の学力の分析をすることは非常に難しく、講師であっても受験生のポテンシャルを知るためには、「実際に授業をする」ことが必要で、教えてみないとその子の潜在能力は測れません。模試で偏差値45と一口に言っても、これまでまじめに勉強してきてなんとかその偏差値に到達したのか、能力はあるけれどもこれまであまり勉強をしてこなくてその偏差値になっているのかなど、一人ひとりまったく事情が異なります。

ただ、正確な分析をするためには、高い技量・経験を持った講師の力量が必要で、信頼できる方に正しい分析をしてもらうことが重要です。

京都医塾には【医学部合格診断】というものがあり、京都までお越しいただき、丸2日間かけて徹底的に現状を分析します（オンライン診断も対応可）。

まず、これまでの学習歴を小学校まで戻って本人、保護者さまにお尋ねし、どのような学習をしてきたかということから、現在の学習状況、生活習慣に至るまでお聞きし、何が問題で、どこから学習がうまくいかなくなったのかをカウンセリングするというものです。

また、カウンセリングだけでなく、オリジナルのアチーブメントテストを受けていただきます。アチーブメントテストでは、高校内容だけでなく中学内容まで戻って学習の到達度を測ります。

そのうえで、体験授業として各教科のベテラン社員講師の完全1対1個人授業を受けていただく中で、講師が反応速度や理解度、本人の特性や思考の癖を確認します。

医学部合格診断の際には、全国模試の成績表もご持参いただきますが、そこからわかることは非常に表面的かつ限定的です。実際の授業を通して、模試の成績表ではわからない部分についてより正確に分析を進めます。そのうえで、カウンセリング、アチーブメントテスト、体験授業の結果をもとに、各教科の統括講師と塾長をはじめとする面談担当が、ディ

スカッションを重ね、分析結果を報告します。医学部合格診断は2日間で総計20時間以上かかりますが、徹底的に分析することが、何よりも意味があると、私たちは考えています。

プランニング②　ベストなカリキュラムを作成し続ける

前述したように受験生は一人ひとりまったく異なります。したがって、カリキュラムは、その受験生が合格するためのオーダーメイドカリキュラムでなくてはいけません。

ちなみに近年、受験業界で「オーダーメイドカリキュラム」という言葉が非常に広く簡単に使われており、受験生ご本人や保護者さまから「どこもオーダーメイドカリキュラムと書いているし、塾や予備校によってどこが違うのかわからない」という声もよくお聞きします。様々な塾・予備校が、ベストと思うカリキュラムを提案されると思います。ご自身でカリキュラムを作成することもあると思います。そのような場合や、塾・予備校のカリキュラムの説明をお聞きになる際にも是非ご確認いただきたい重要なポイントがあります。

それは「カリキュラムは絶えず改善・更新し続けなければいけない」という点です。

カリキュラムというのは一度作成したら入試までまんぜんとそれに沿って学習を進めれば良いというものではありません。実際に学習を始めてみると、理想と合わない部分が必ず出てきます。本当にこの進度がベストなのか、消化不良になっていないかなど、模試の結果や普段の学習の効果を分析し、そのカリキュラムが最善のものでないのであれば、カリキュラムを修正・変更し、学習効率が上がるよう改善しないといけません。逆に、予定以上のペースで学習が進められていれば、ペースアップし課題量も増やして学習効果を最大化すべきです。

一度決めたカリキュラムを現状に合わないのにずっと押し通して1年頑張ったけれどダメでしたという状態は、絶対に避けなければなりません。

京都医塾では、まず入塾の時に徹底的に生徒を分析してそのポテンシャルとスタートラインを見極め、その生徒に合った年間カリキュラム、つまり「どの時期に何をどこまで学習するのか」を策定します。そしてそれを最も効率よく実現するために、集団授業と個人授業を組み合わせ、日々の時間割を編成し、一人ひとりのためのオーダーメイドカリキュラムを作成します。

いくつかの既存のパターンに生徒を当てはめていくのではなく、生徒一人ひとりの分析結果を出発点に1から作り上げるため、すべての生徒のカリキュラム・時間割はまったく異なるものになり、2つとして同じものは存在しません。

京都医塾では、毎週行う担任とのカウンセリングや科目横断の担当講師チームの会議などで、随時カリキュラムが現状に合っているかをチェックし、必要に応じて学期の途中であっても、変更・最適化を行っていきます。それに伴い日々の時間割も変更されていくのです。これを可能にしているのは、70名を超える専属の社員講師スタッフの存在です。

プランニング③　プランを確実に実行する

①現状を徹底的に分析し、その結果に基づいて、②ベストなカリキュラムを作成し、常に最適化を続けていけば、必ず学力が伸びていくかというと、そうではありません。プランニングにおいて、それが実際に結果に結びつくかは、③プランを確実に実行する。これができるかどうかによります。

当然ながら、どれだけ精密・正確に分析し、どれだけベストなカリキュラムを作成し続けても、それを確実に実行できないと、学力はまったく向上しません。自身を完全にコントロールし、着実にプランを実行することは本当に大変です。意志の力も必要ですし、自分を客観視する冷静な力も必要です。

ですから、受験生自身のプラン実行能力が十分でない場合、そこには、「確実にプランを実行させる力」が必要であり、受験生や保護者さまが、塾・予備校に期待されるところも、まさしくここにあるのではないでしょうか。

医学部逆転合格のための「学習の仕方」

ここからは、プランを確実に実行するための方策を、京都医塾の実際の取り組みも合わせてご紹介していきます。

現役生、高卒生を問わず、1日の学習時間のうち、学校、塾・予備校の授業以外の時間は自学自習の時間となります。特に塾・予備校などに通わず自宅で勉強を進めている方、高卒生であっても個別指導専門の予備校などに通われている方などは、いわゆる自習時間の割合が多くなりがちです。

私たちは、この自習時間が医学部受験の成否を決める大きなポイントになると考えます。学習効率が高い自習とはどのような自習でしょうか？

「今日は集中的にやる日にしよう。宿題からやろう」、「まず英語を2時間くらいで終わらせて、その後3時間は最近不調の数学に取り組もう」といった感じで勉強をしていませんか？

これでは正直、学習効率を最大化することは無理です。まず一つひとつの時間が長すぎるのです。

自習の計画は1セット15分

自習の学習効率を上げるには、15分単位で計画し、最大45分（3セット）までしか同じ科目を連続して学習しないという方法をオススメします。

例えば、90分の自習時間があるなら 90分＝15分×6セットと考えて、次のように細かく区切ります。

・15分　英単語の暗記確認
・30分　化学の授業の復習
・45分　数学の演習

何をどこまでやるのか、15分くらいの時間で見通しを立てて勉強しないと、確実な分量はこなせません。また、脳がリフレッシュせず疲労が溜まると効率は下がり、余計に時間がかかることになります。これを防ぐためにも、最長で45分ごとに、科目を変えて学習するのです。

また、15分、30分……と短く時間を切って学習することで、①単位時間あたりの処理能力と、②優先順位をつける能力の2つを養います。

あらかじめ時間を区切ることで、時間を意識しながら、やるべき内容を完遂しようと集中して「急いで」取り組む。この訓練を続ける中で徐々に解き進むスピードも上がり、結果、単位時間あたりの処理能力が向上します。

また、「数学の復習を30分くらいで終えるのが目標」ではなく「30分たったら数学の復習は確実に止める」というルールを徹底することで、取り組むべき内容に優先順位を付けられるようになります。この２つの能力は、本番の入試における「急いでもミスなく解き進める能力」や、「設問を見極めて最適な時間配分をする能力」に直結し、得点を最大化するために必要不可欠なものなのです。

もちろん小休憩を一定時間ごとに入れることも忘れないでください。京都医塾の高卒本科生は、朝８時に登校し、22時までずっと、生徒１人に１つご用意している自分専用の個人ブースで過ごします。昼休み、夕食時の休憩などを除き、家での学習時間も含めると１日あたり約14時間という長い時間を学習に充てることになります。

京都医塾の授業は90分ごとに10分休憩を入れるリズムで授業の時間割を組んで

います。必然的に授業以外の自習時間も90分がひとかたまりになるのですが、常に15分単位を意識して、授業外の課題学習のスケジューリングを行っています。

受験科目はできるだけ毎日すべて勉強する

また、学習計画を立てるうえで、科目間のバランスも大変重要です。「今日は英語を頑張ろう」、「数学の模試の復習をしよう」などと大雑把な計画や目標を立てて学習を進めると、１週間トータルで見た時に学習時間が特定の科目に偏ったり、ほとんど手をつけていない科目があったりと、科目間のバランスが崩れてしまいがちです。これでは総合的な学力の向上は望めません。

合格はトータルの得点で決まります。高い学力レベルを求められる医学部入試においては、極端に不得意な科目があると合格は難しくなります。

１つの科目に特化した塾などに通って、その科目の学習時間を極端に多く取ったことで、その科目の成績は伸びたけれども、他科目まで学習が回らず、結果不合格に終わっているというケースも多く見受けられます。

一方、総合塾・予備校であっても、1人の時間割を見てみると、受験に必要なすべての科目が、毎日バランス良く授業として組まれていることは稀です。

また、一般的に講師は自身が担当する科目の学力向上を至上命題としており、課題や予習復習のボリュームも各講師の裁量にまかされています。その結果、特定の科目に学習時間、学習量を取られすぎてバランスが崩れてしまっているということが起こります。

さらに、個別指導専門の予備校などでは、他塾と掛け持ちしている講師も多く、その出講スケジュールの影響で、理科科目の授業などは週に1、2回しか受講できないこともよくあるとお聞きします。

現役生は、学校の時間割との兼ね合いで難しい面もありますが、学校や塾・予備校で受ける授業と自習を組み合わせて、受験科目はできるだけ毎日全科目学習することを意識してください。１日その科目に触れない日があると、その内容を取り戻すのに大きな時間と労力がかかります。ただでさえ学習内容が多い医学部受験。常に効率的な学習を心がけるべきです。

京都医塾の最大の強みは、生徒１人に対して13名の講師陣がチームとなって指導にあたり、合格に導くことです。講師陣が各人の裁量でバラバラな指導をするのではなく、情報を共有し、指導方針を統一したうえで、科目間のバランスをとります。その生徒にとって今、どの科目に重心を寄せて指導するのが最適なのか、予習・復習などの課題のバランスはこれで良いのかなど、講師全員が意思統一をしたうえで指導を行っています。

復習の時間は必ずスケジューリングしておく

学校の先生や、塾・予備校の講師から、授業の終わりに「では、しっかり復習しておいてください」や「この問題は必ず解き直しておいてね」とよく言われるのではないでしょうか？

しかし、実際はそれを聞いて正しく復習や解き直しができている生徒はほんの一部で、先生や講師も十分に復習ができているかを確認していない場合が多いようです。また復習をしなければと思っても、他に課されている宿題や毎回の授業の予習もあり、どう時間をやりくりしたら良いのかわからず、気がつくと最低限の課題をこなすのみに終始しているということも多いはずです。

どんなに素晴らしい授業を受講したとしても、復習をしなければその内容は定着しません。自習時間は必ず事前にスケジューリングして確実に復習の時間を確保してください。具体的に時間を割り振り、科目のバランスを意識し、課題、予習、復習をもれなく実行できる計画を立ててください。そうすることでスムーズにバランス良く、そして効率的な学習が可能になります。

なお、自分が立てたスケジュールが無理なく実行できているかどうかは、常に確認しなければいけません。これは、言うは易し、行うは難しです。そんなの自分ではできないよ、と言う方は、最適なバランスで学習できているのか、効率的なスケジュールなのかを経験豊富な先生や塾・予備校にご相談されることをお勧めします。

また、「復習」は大切ですが、復習の正しい行い方を習得し、実践できている受験生は非常に少ないのが現状です。特に、学習がうまくいっていないと悩んでいる受験生の皆さんの中には、実は具体的な正しい勉強の仕方がわからず困っているという方も多くいらっしゃるのではないでしょうか。

京都医塾では、授業を担当、指導している講師が、予習と復習の仕方、そしてそれぞれにどれだけ時間をかけるべきかを具体的に指南します。

生徒1人に対して2人の社員講師が担任となり、いつ何をどれだけ学習するのか一緒にスケジューリングします。そのうえで毎週のカウンセリングの中で、そのスケジュール通りに学習できているか、カリキュラムに無理がないかを確認し、その結果をまた、学習プランにフィードバックして随時、改善更新していきます。

わからないことの90％は5分間で解決！24時間以内に質問する

学校や塾・予備校で、授業を受けたり自習していたりすると、当然質問事項が出てきますよね。授業中に十分理解しきれなかった、わかったつもりだったけれど、解き直してみるとなぜか解けない。この考え方で合っているの？　といった不安も出てきますよね。

私たちの経験上、学習する中で出てくる、わからないことの90％は、5分間の質問で解決します。でもそれには条件があります。

それは、疑問が湧いたら「できればその日のうち、少なくとも24時間以内に解決する」ということです。それ以上時間がたつと、最初の疑問を解決しないうちに新たな疑問がどんどん出てきて、蓄積してしまいます。
理想は「授業をした先生に直接質問する」これがポイントです。

どの塾・予備校も大学生のチューターが質問を受け付けたり、質問ＢＯＸなどを設置し、生徒に質問事項を紙に書いて提出させることで対応しようとしています。しかし、学生チューターは、質問してきた生徒の事情も学力もわからず、また実際に授業を担当する講師の方針、問題へのアプローチ方法を知らないまま質問を受け付けても、効果的な指導をすることは難しいです。質問ＢＯＸは、回答が返ってくるのに１週間くらいかかることもあるようで、返ってきた時には「こんなこと質問したっけ？」という状態になることもしばしばです。

繰り返しますが、わからないことの90％はたった5分間で解決できます。そして、そのためには24時間以内に先生に直接質問することが必要です。
是非、学習していてわからないところが出てきたら、すぐ学校の先生や塾・予備校の先生のところに質問しに行って解決しましょう。

京都医塾の社員講師は講師室に常駐しており、生徒は授業担当の講師に質問することができます。生徒はわからない点について的確な指導を受けて理解ができ、また講師は質問を通じても、生徒の授業の理解度をチェックすることができるのです。

また、高卒本科生やオンライン生についてはオンライン質問のシステムも採用しており、配布されたタブレット端末からいつでも質問できて、24時間以内にその回答が返ってくる体制を整えています。

入試前日も、入試当日も、合格するまで毎日勉強を続ける

狭き門である医学部入試において、合格のために必要な学習量は膨大で、高卒生であっても時間が足りないというのが現状ではないでしょうか？　受験生は皆、限られた時間の中で合格するための学力レベルに到達するまで、全力で勉強を頑張っておられると思います。

この見出しのタイトル「毎日勉強を続ける」を読んで、そんなことは当たり前にやっているよと心の中で思っている受験生も多いと思います。しかしながら、本当にこれを実行できているのでしょうか。

医学部の一般入試は国公立大学志望であれば1月中旬の「共通テスト」から始まります。私立大学専願の方も、共通テストが終了して数日後から、各大学の一般入試が開始、いわゆる入試シーズンがスタートします。この入試シーズンにおいて、これまでと同じ強度で、地に足をつけた学習を継続できているでしょうか？

この時期、現役生は学校の授業がなくなり、また一般的な塾・予備校では、通常授業が終了し、そこからは数回の直前講習のみに変わるところも多く、それまでの学習環境、生活リズムが崩れがちです。受験生にとってその状態は、精神面でも生活面でも不安定になりがちで、その結果、落ち着いて学習ができない状態に陥る受験生が増えます。

ただただ受験校の過去問を解いて採点し、その結果に一喜一憂したり、せいぜい間違えた箇所の知識のみを確認する勉強スタイルになってしまったりと、これでは「毎日勉強を続けている」とは言えず、この大切な時期に最後の一伸びをするどころか、大きく力を下げてしまうことになるのです。

また、私立大学医学部を受験される方は、複数の大学に出願される方がほとんどです。一般入試の前期試験は特に、1月中旬から2月上旬まで、毎日のように試験が実施されており、受験生はホテルなどに宿泊しながら各大学の入試に臨む生活になります。「毎日勉強を続ける」というのは、入試シーズンが始まった後、日々試験に行くだけではなく、合格するまで今まで通りの勉強を普段通り淡々と続けるという意味です。それは、入試前日も、１つの大学の入試が終わって宿舎に帰ってきてからも同じです。

だから、「入試前日も、入試当日も、合格通知を手にするその日まで、毎日勉強を続ける」ことが大事なのです。

ある大学の試験は、次に受ける大学の試験に向けての最適なプレテストと言えます。この入試シーズン、受験生の学力がピークを迎えた状態で、解けなかった問題、抜け落ちていた重要事項、おかしてしまったケアレスミスなど、次の大学の試験にいかせる好材料がたくさんあります。ホテルなどでも学習を継続できる環境を整え、実際の入試問題を必ず復習して、あらかじめスケジューリングしたカリキュラム通りに一日一日を淡々と、そして大切に戦い続けてください。

国公立大学でも私立大学においてもですが、仮に一般前期試験で合格が出なかったとしても、後期試験がまだあります。

後期試験の募集定員は前期試験に比べてぐっと少なく、「後期での合格は無理だろうなあ」とモチベーションが下がる受験生も少なくないと思います。しかし、その時こそ、「後期試験の受験者は、誰しも前期で結果が出ずに、落ち込んでいるはず。気持ちを切り替え、学習を継続したなら、後期試験の入試本番までに、他の受験者に大きなアドバンテージをつけられる！」と奮起してください。

生徒が医学部に合格するその日まで、私たちの指導と徹底的なサポートは止まりません。生徒のみんなが不安や緊張に押しつぶされそうになっている時こそ、私たちの真価が試されていると考えます。

京都医塾の授業は生徒が合格するまで続きます。入試直前はもちろん、入試当日すら、試験後には実際の入試問題に出てきた重要事項の確認や、本番で失敗したところを修正、補完、強化し続けます。そのため「京都医塾は、後期試験に強い」と言われ、実際、直前期から入試シーズン最終盤までに驚異的な学力の伸長を遂げて、後期試験で見事合格を勝ち取ってくる生徒が毎年たくさんいるのです。

また、東京など、京都から離れた地域に移動する必要のある受験には、普段授業をしている講師やスタッフが生徒とともに遠征し、同じホテルに宿泊し、起床、食事から入試前日、当日の試験直後の指導に至るまで、京都にいる時と同じようにサポートします。さらに、１００％のコンディションで入試に臨めるように、試験会場までスタッフが同行します。

入試本番であと1点、2点を獲得するため、私たちはすべてのサポートを惜しみません。

入試会場特別サポートの実際の様子はこちらから

ここまで、プランを確実に実行するための方策をいくつか紹介してきましたが、あくまでこれはほんの一部分です。

毎日の学習の中で、プランを確実に実行して医学部合格を勝ち取るためには、これら以外にも、受験生が意識しなければいけないことや守るべきルール、あるいは指導する側が留意すべきポイントが多々あります。

また、この項では、学習面を中心にお話ししましたが、長い受験生活を最後まで戦い抜くためには、勉強に集中できる環境作りや、生活リズム、心身のコンディションを整えることも、もちろん重要となります。

COLUMN

教えて

清家塾長!

医学部合格を勝ち取るための生活って、やっぱりつらいんですか?

本文で何度もしつこくお伝えしているのですが、医学部に合格するためには「普通の勉強」では難しいです。中にはサラッと教科書を読み、ちょっと集中して勉強するだけで医学部に合格してしまう人もいますが、そういう人は一握りなので、ここでは少し横に置いておきましょう。

「医学部に合格するための方法や過ごし方として、誰にでも当てはまる正解はありません」というのが私たちの答えですが、その人の学力や個性を正しく分析したうえであれば、合格するための戦略を立てていくことが可能です。ここではあくまでも京都医塾の場合として、医学部に合格するために塾生たちがどのような日々を過ごしているかを紹介します。

〈京都医塾の毎日〉

京都医塾の時間割は、6時から24時までの枠で、1日14時間の学習を徹底できるように作られています。京都医塾のスケジュールは基本的にすべて45分または15分刻みです。ダラダラと机に向かっているだけの時間を過ごさないように、メリハリのあるスケジュールになっています。これだけのスケジュールを実行するために、京都医塾では生徒が使っているブースの壁に【空きコマスケジューリングシート】を貼るよう伝えています。6時から24時まで、どの時間に勉強し、どの時間に休憩するかを意識しながら日々を過ごすためのものです。

図5　空きコマスケジューリングシート

Ⅰ期　スケジュールシート　英7・数7・化5・生5・国2　【授業数：26】								
		月	火	水	木	金	土	日
		起床 / 英単語 / 化学復習	起床 / 英単語 / 生物復習	起床 / 英単語 / 英語復習	起床 / 英単語 / 生物復習	起床 / 英単語 / 英語復習	起床 / 英単語 / 数学復習	起床 / 英単語 / 化学復習
	6:00~8:00	英文法30分 / 生物復習	英文法30分 / 数学復習	英文法30分 / 化学復習	英文法30分 / 英単語	英文法30分 / 化学復習	英文法30分 / 生物復習	英文法30分 / 英単語
		食事/登校	食事/登校	食事/登校	食事/登校	食事/登校	食事/登校	食事/登校
⓪	8:00~8:20	朝計算テスト15分	朝計算テスト15分	朝計算テスト15分	朝計算テスト15分	朝計算テスト15分	朝計算テスト15分	朝計算テスト　15分
①	8：20~9：50	集団英語　予習30分 集団化学　予習30分 個人生物　予習30分	集団英語　予習30分 集団生物　復習30分 英文法　30分	集団 化学B	個人英語 予習30分 集団数学 予習30分 集団化学 予習30分	集団 英語C	1対1個人 数学III	日曜テスト (英・化・生)
②	10：00~11：30	集団 英語C	1対1個人 数IAIIB	集団英語 予習45分 集団数学 予習45分	集団数学 IAIIB	集団英語　予習15分 個人化学　予習30分 個人生物　復習45分	集団 生物D	
③	11：40~13：10	集団 化学B	集団英語 復習30分 集団化学 予習30分 集団英語 予習30分	集団 英語C	1対1個人 生物	集団 生物D	英単語　15分 集団英語 予習30分 集団化学 復習45分	集団数学　復習30分 集団英語　復習30分 集団生物　復習30分
昼休み		昼食	昼食	昼食	昼食	昼食	昼食	昼食
④	14：00~15：30	1対1個人 小論文面接	集団 英語C	集団数学 IAIIB	個人英語　復習30分 個人数III　予習45分 英単語　15分	1対1個人 化学	集団 英語C	集団化学　予習30分 集団数学　復習30分 個人化学　復習30分
⑤	15：40~17：10	集団英語　復習45分 個人数III　予習45分	1対1個人 生物	個人英語　予習45分 集団化学　復習45分	1対1個人 英語	個人数III　予習45分 集団英語　復習30分 数学・確認　15分	集団数学　復習30分 集団英語　復習30分 個人化学　復習30分	個人数III　復習45分 英語　確認　45分
⑥	17：20~18：50	集団 生物D	個人生物　復習45分 夕食・休憩45分	1対1個人 英語	集団数学　復習30分 個人英語　復習15分 夕食・休憩45分	1対1個人 数学III	個人数III　復習45分 夕食・休憩45分	帰宅
⑦	19:00~20：30	夕食・休憩45分 集団化学　復習45分	集団 化学B	夕食・休憩45分 集団化学　復習45分	個人化学　予習30分 集団数学　予習45分 担任ｶｳﾝｾﾘﾝｸﾞ 15分	集団数学 IAIIB	集団 小論文 面接A	
⑧	20：40~22：10	1対1個人 数学III	個人数III　復習30分 集団英語　復習45分 個人数I　復習15分	集団数学　復習30分 個人生物　予習30分 集団数学　復習30分	集団 化学B	夕食・休憩45分 集団英語 予習30分 英単語　15分	日曜テスト対策	
下校	22：10~22：30	下校・軽食	下校・軽食	下校・軽食	下校・軽食	下校・軽食	下校・軽食	
	22：30~24：00	個人数III　復習30分	集団化学　予習30分	集団数学 予習30分	集団英語　予習30分	集団数学 復習30分	集団数学　復習30分	

加えて、プランを確実に実行するためには、学習時間はもちろんのこと、生活リズムをコントロールすることも大切です。

京都医塾では、6時に起床、24時までに就寝するよう指導しています。なぜ6時に起きるのか？　それは、毎日、京都医塾生は8時までには登校し、フルスロットルで勉強に取り組む時間割になっているからです。「試験の時にベストな状態で脳をフル回転させるための、入試当日と同じ時間に起床する訓練」だけが目的であれば、2週間もあれば十分です。それでも京都医塾が一年を通じてこの生活リズムで過ごすことを指導しているのは、すべての学習時間を濃密なものにし、単位時間あたりの学習量を最大にするためなのです。

さらに、受験生にありがちな夜更かしも禁止。24時までの就寝を厳守させています。ベストなパフォーマンスを維持するためには、最低でも6時間寝ることが必要です。人によってはもっと多くの睡眠時間を必要とする場合もあります。「起床時間を6時に固定したうえで、就寝時間については、24時より早い時間で、最も1日のパフォーマンスが高くなるタイミングを、入塾後の3週間で探しなさい」

と伝えるのが、入塾時の面談の恒例になっています。

ここまで読んだ皆さんは「それは理想的ではあるけれど、こんな生活を続けるのは無理だ」と感じるかもしれません。しかし、京都医塾はこの生活を可能にするサポート体制を整えているのです。「1人で頑張れ」とは決して言いません。

代表的なものとして【京都医塾合格弁当】があります。いわゆるお弁当屋さんのお弁当ではなく、校舎に隣接する飲食店で、専属の管理栄養士の監修のもと、オリジナルの合格弁当を開発してもらい、昼食と夕食に栄養バランスのとれた温かい食事を届けてもらっています。

また、京都医塾には整体師が正社員として勤めており、希望する生徒は2週間に1回ほどのペースで整体サービスを受けています。ベストなコンディションで日々の学習に臨むためのケアの他にも、1日14時間の勉強を実現するための疲れにくい姿勢の指導なども行っています。

そして、サポート体制として最も力を入れているのが【ウィークリーカウンセリング】です。実際に授業を担当する社員講師が担任となり、1週間に1回、空きコマスケジューリングシートにカウンセリングコマを設定し、そこで学習の進捗状況や体調、生活リズムのこと、嬉しかったことや困っていることを聞き、アドバイスをしつつ見守っています。

京都医塾は「医学部に合格する」という強い意志を持った生徒たちが集まる場所です。

なんとしても合格したいという強い思いを叶えるため、無駄のないスケジュールで徹底的に勉強と向き合うことができる場所です。「余裕で医学部に合格できるぞ」という人であっても、人生に一度は、こうした環境下で思いっきり勉強に集中するというのも悪くありません。

フルオーダーメイドのカリキュラムだからこそ、京都医塾では無駄のない勉強に没頭することができます。医学部合格のために必要なことはシンプルで、客観的な分析と集中できる学習環境、そして徹底管理です。1人で勉強していると、どうしてもこの3つとも不足しがちになります。サポートはもちろん、分析・管理は、他人の力を借りたほうがうまくいくことも多いです。受験生活という人生の転機、この期間を、モチベーションを下げることなく頑張り抜くことができるかどうかがポイントですね。

第4章

知っておきたい！ 受験対策の落とし穴

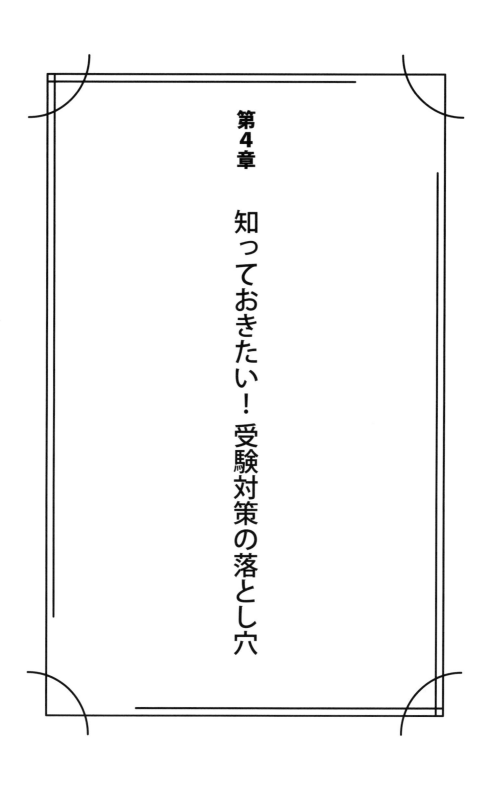

塾や予備校に行かずに医学部合格はできる?

ここまで読み進んでいただいた方なら、「京都医塾に入塾した生徒が続々と医学部に合格していく理由がわかった」そんなふうに感じていただいているかもしれません。

しかし、すでにお伝えしている通り、「これさえやれば医学部に確実に合格できる」という万人に共通のメソッドがあるわけではありません。合格の可能性をできる限り引き上げようとするなら、しっかりと自分自身や敵(医学部受験)のことを分析し、その結果に基づいたプランニングを行ってから勉強をスタートする必要があります。

では、第3章で述べた通りのことを自分でもやることができれば、医学部に合格することはできるのでしょうか。つまり、「京都医塾のような塾・予備校の力を頼らなくても、個人の力だけで医学部合格が可能なのか」ということです。

もちろん答えは「はい」です。

京都医塾にも、塾・予備校に行かず医学部や京都大学をはじめとする難関大学に合格した講師はいますし、中には「学校の教科書と過去問をベースに受験勉強を乗り切った」という猛者もいます。しかしながら、自身の特性を十分に理解し、現状の学力と合格するために必要な学力とのギャップを分析する。そのうえで合格までのロードマップを描き、計画的に学習を進める。それらをすべて独力で実行できる方は、決して多くはいません。

本章では、医学部受験に臨む際に必要な受験対策、特に受験生が勘違いしていたり見落としがちな点についてお伝えしていきます。独力で受験に立ち向かっておられる受験生も、すでに塾・予備校に通っておられる受験生も、受験の落とし穴にはまってしまわないように読み進めていただければと思います。

またこれから塾・予備校を検討されている受験生や保護者さまにおかれましては、どのような方針で指導されているところを選ぶべきか、塾・予備校選びの一助にしていただけましたら幸いです。

全国模試の結果の読み方を間違えている人は意外と多い

医学部に合格する目安の1つは、偏差値65。これは第1章でもお伝えしたことです。

もちろん、偏差値が65あれば必ず合格できるというわけではありませんが、合格するために必要な学力の１つの指標とするべき数字です。

自分の偏差値を知る方法の１つとしてよく知られているのが、全国模試です。大手の予備校などが実施する全国模試は、多いものでは受験者が30万人を超えます。この中で、自分がどのくらいのレベルにいるのか、その時点でのおよその位置を知ることができます。

しかし、実はこの全国模試の結果に基づいて医学部の合格可能性を評価する際に、結果の読み方を誤解している方が多くおられます。

一般的に、全国模試というのは大手の塾を中心として年に数回開催されます。時期としては、春夏秋、それから受験直前という具合です。全国模試の受験後は、成績表の返却とともに自分の偏差値が出てくるのですが、ほとんどの人がこの偏差値を基に自分が合格する可能性を知ろうとします。

しかし実際のところ、全国模試の難易度、出題範囲は実施される時期によって異なります。そのため、誤った見方で結果を評価してしまうと自分の正確なレベルと合格の可能性が把握できなくなってしまうのです。

模試の結果を正確に評価するためには、その模試の出題範囲とそれぞれの問題のレベルがどうなっているかという2つの視点に留意しながら分析する必要があります。

例えば新年度始まってすぐに行われる春の模試の出題範囲には、高校3年生で履修する多くの内容が含まれていません。春または夏の模試は、概ね現役の高校3年生のその時点の既習範囲から出題されます。ということは、春や夏の模試と実際の入試の出題範囲はまったく別物であるという捉え方をしなくてはなりません。問題レベルも同様です。各回の模試の問題の難易度は毎回異なりますから、模試の結果として出される数字だけを見て、医学部入試の問題に対応する力や合格の可能性、その推移を測ることはできないというわけです。

一般的に模試に関する話でよくありがちなのは、春や夏までの模試の結果では偏差値も良かったから安心しきっていたのに、秋の模試になったらグンと成績が下がってしまったというものです。「なぜ？　どうしたら良いのかわからない」と困り果てて相談に来られる受験生もいらっしゃいます。受験生本人も保護者さまも、全国模試の各回の結果から評価できるものが何なのか理解されていないことが多いです。

「秋になって、それまで勉強していなかった人が急に勉強をするようになったから全体のレベルが上がった」という考え方もあります。受験生全体のレベルが上がったという見方が間違っているわけではありませんが、そもそも問題の出題範囲や各問題の難易度が毎回異なるため、同じ評価軸で比較すること自体ができないのです。

もちろん、医学部の入試問題とは異なるとはいえ、全国模試は全国の受験生の中での自分自身の相対的な位置を知る非常に有効な機会です。是非、受験し活用すべきです。そのうえで、模試の結果は正しい知識を持って分析する必要があるということです。

私たち京都医塾では、このような全国模試の特性を把握し、生徒に説明したうえで、全国模試と塾内の実力テストを併用して生徒の学力の推移を評価していくようにしており、入試本番、そして合格に向けて勉強の計画を立てています。

春や夏の全国模試も当然受けていただき、結果を分析に使用しますが、その結果はそのまま入試に対する力を示すものではないのです。

各問題の内容とレベルに対し本人がどのくらい対応できているのか、あるいは、授業で行った内容をきちんと理解し得点化できているのかというようなポイントを見極める材料にしています。そして、全国模試の結果と普段の授業の様子、塾内でのテストなどの結果を総合的に分析したうえで、その時点での生徒の学力を評価していきます。

合格するためには、攻略すべき相手（医学部受験）のことをよく知らなければなりません。ただ模試を受けて、その数字や合格可能性判定を鵜呑みにして一喜一憂するのではダメなのです。受ける模試の特性を正しく知り、その模試の結果から何がわかって何がわからないのかを理解したうえで、模試の結果を振り返り、その後の勉強に役立てる必要があります。

受験校決定には生徒と大学その両方の分析が必要

医学部に限らず、受験において「受験校を決定すること」は受験生本人にとっても保護者さまにとっても大変なのではないでしょうか。

例えば、本人が希望する大学と保護者さまが入学してほしい大学が異なって困っている、そんなご相談もよくあります。受験校選びは合格の可能性に大きく影響するため、しっかりと検討する必要があります。

ありがちな失敗は、偏差値だけを見て出願する大学を決めることです。もちろん学力が伴わなければ合格することはできません。しかし、偏差値だけに注目する方法には、そもそも偏差値を正しく評価できているかという問題と、入試問題と本人の相性を度外視しているという問題があります。

この問題を解決するために、京都医塾では生徒と大学、その両方を分析することを大事にしています。

私たちは入塾から出願までの間、数回にわたって「志望動向」を確認するようにしています。ここでいう「志望動向」とは、受験に対する本人やご家族の意思や方向性のことを指します。

この志望動向調査が最初に行われるのは、入塾前の医学部合格診断の時です。医学部合格診断の際には、受験に対する方針や考え方、行きたい学校あるいは希望の試験形式などに関するヒアリングを丁寧に行います。医学部だったらどこでも良いから受かったところに進学するという方、国公立大学にしか進学しない方、ご家族の方針もそれぞれ異なります。そうした思いをすべてお聞きした後で、分析結果と照らし合わせながら、「ここに行きたいのであれば、最善の方法で全力で取り組んだとして、このくらいの時間がかかるでしょう。そして、今からすべきことはこういうことです」というように、目標から逆算した方針をお伝えしていきます。

入塾し、京都医塾での受験生活を経て、本人やご家族が納得して受験校を決定できるように、一年を通じて私たちがやることは、最新の入試情報はもちろん、出願に必要なありとあらゆる検討材料を集めること。そして生徒の学力状況や合格の可能性などの客観的なデータをお見せして、出願プランを提案していくことです。

もちろん、志望動向というものは勉強をしていく過程で変化するものですから、学習の進捗に応じて、担任カウンセリングや日頃の二者面談、保護者さまを交えた三者面談など、ありとあらゆるタイミングを通して、徐々に出願校のイメージを形にしていきます。出願プランを提案する際は、すべての医学部入試問題の特性との相性を示す【相性評価シート】や実際の入試日程を考慮した、より具体的な出願プランである【受験校リコメンド】を作成して、最終的な受験校決定のサポートを行います。

私たち京都医塾には、これまで培ってきた膨大なデータと経験値があります。例えば、親子で意見がわかれる場合などは、受験生本人と保護者さまそれぞれに説明を行い、話し合っていただきます。話し合ったうえでも意見がまとまらなければ、通常の三者面談に加

えて臨時で志望校決定のための面談を行うこともあります。

このようにして、常に受験生本人やご家族がベストな選択をできる体制を整えています。

過去問の前に【絶対基礎】を身につけろ！

「難関の医学部受験とはいえ、たくさん受験すればどこかに引っかかるのではないか」と考えている方もいますが、最初に申し上げておきます。医学部受験には「数撃ちゃ当たる」は通用しません。

医学部に合格するために必要なのは【絶対基礎】です。

【絶対基礎】とは、京都医塾オリジナルの言葉で、ひと言でわかりやすく言えば「小学校から高校修了までの範囲の基礎的な学力」のことです。絶対基礎は、医学部合格のために必要不可欠なものであり、どこかに穴を残したままでは、どの医学部にも合格することはできません。

この絶対基礎は、学校の授業をしっかり聞いていれば完璧になるのかといえばそうではありません。例えば数学や物理でいえば、公式を覚えていることはもちろん必要ですが、形だけのいわゆる「丸暗記」では意味がありません。その公式に使われている文字が何を表しているのか、その公式を使える前提となる条件、それぞれの用語の定義や意味などを理解することが肝心です。

「私は基礎を大事に、参考書の基本例題からやっています」という受験生も大勢いらっしゃると思います。しかし、実際数学が苦手だという受験生の相談を受けると、基本例題の解法パターンを丸暗記しているだけで、その根底にある要素の理解をすっ飛ばしており、そのせいで設問の表現や前提条件が少し変わるだけでまったく解けないという状態に陥っていることがほとんどです。

絶対基礎がしっかり定着していない状態でいくら過去問を解いても、あるいは、人気の参考書を買っても、それは無駄な努力というものです。

医学部受験の合格の指標は、偏差値65。この偏差値は、京都大学の医学部を除く理系学部とほぼ同じレベルです。

よくある受験の勉強方法として取り上げられるのが、その大学の過去問などをひたすら解き、傾向を掴んで乗り越えようというものですが、そんなことをしても実はダメで、その方法が通用するのは、そもそも絶対基礎をきちんと持っている人に限ります。絶対基礎がない人は、その大学の過去問を何十年解き進めても、合格に必要な学力レベルに到達しません。

絶対基礎の重要性を理解していただくために、70％の得点が合格ラインの大学の入試を例に、得点イメージをお話しします。

絶対基礎を固めると、設問の約40％を占めることが多い基礎から標準の問題は確実に得点できます。そして、残り約60％の発展から応用の問題のうちの半分、約30％の問題は受験生が手をつけにくい難問であったり、時間がかかる問題であることが多いです。ということは、勝負となるのはそれ以外の約30％の発展から応用の問題。これは絶対基礎を組み合わせることで戦える問題なので、この部分の得点をどれだけ伸ばせるかという勝負になります。

つまり、絶対基礎を固めることで、基礎から標準40％＋発展から応用の半分30％＝約70％の得点を確保すれば、合格ラインに

図６　絶対基礎の重要性

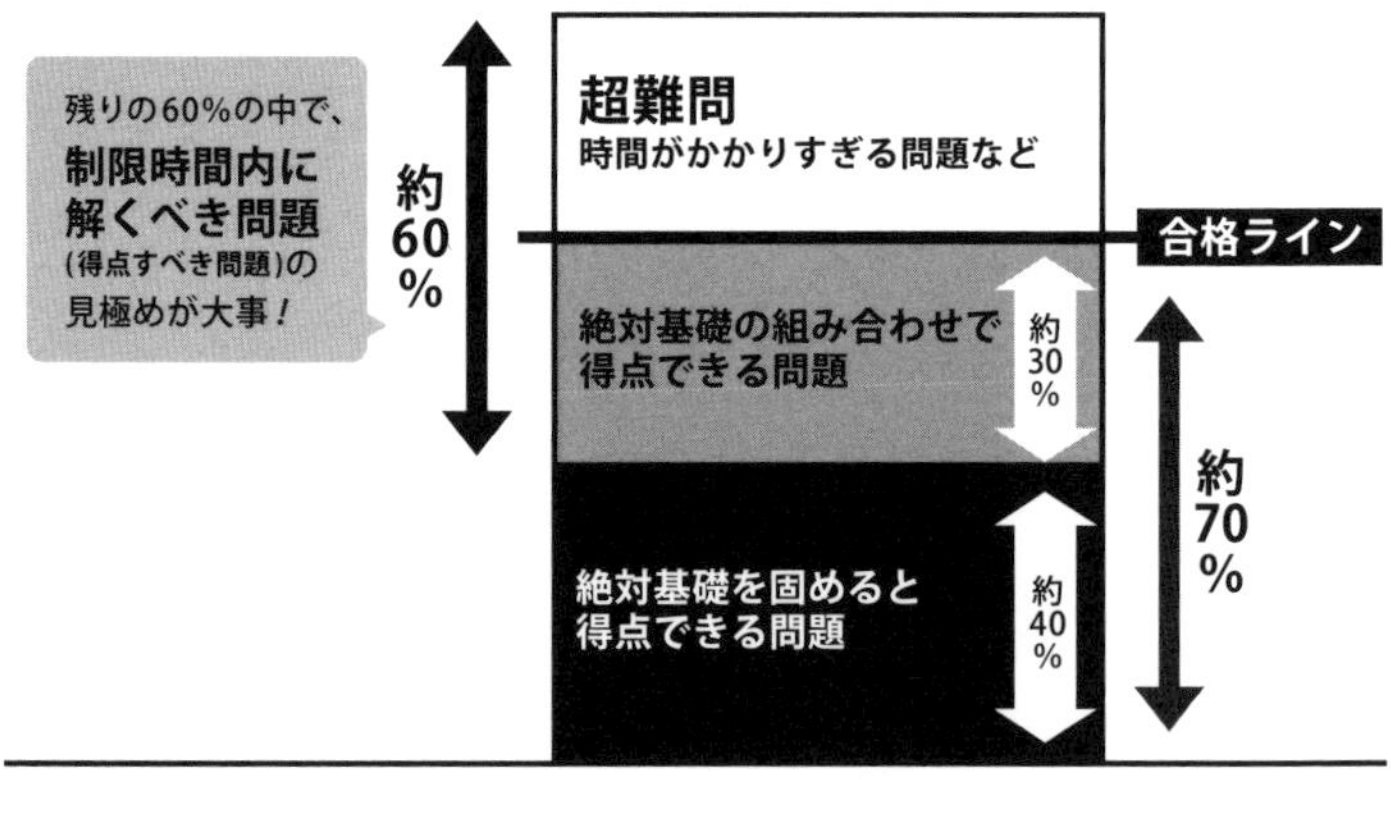

到達する可能性があるということです。これを確実にすることで、安定的に得点できるようになります。

もちろん、制限時間内に解くべき問題とそうでない問題を判断することが重要となることは言うまでもありません。

最終的には、各大学が持つ独自の傾向に応じてチューニングしなければなりませんが、まずは絶対基礎を確実にすることが、医学部合格の最短距離であり必須条件です。

「推薦入試なら学力は低くても良い」は大きな間違い

いわゆる「一般入試」の他にも、「推薦入試」や「総合型選抜入試（AO入試）」、「共通テスト利用」という入試形式があります。

「推薦入試」には、学校型推薦と地域枠推薦、そして帰国生枠などがあり、これらの出願条件は各大学によって異なります。

推薦入試の出願条件（例えば年齢や地域、学校評定）を満たす受験生の中には、推薦入試の受験を検討している方も多いのではないでしょうか。

推薦入試の出願時期が近づくと、京都医塾でも推薦入試の受験に関する相談は増えますが、「チャンスが増えるから受験してみたら」と簡単に勧めることは決してありません。推薦入試を検討するうえで、「推薦入試であれば学力が低くても医学部に合格できるのでは」という考えがあるのであれば、その考えは間違っているといわざるを得ません。

私たちは、生徒が受験を希望する推薦入試の特性を考慮し、生徒がその推薦入試への適性を持っているのかどうかを総合的に評価して、受験するメリット・デメリットを明確に説明したうえでアドバイスを行います。

他の学部ならいざ知らず、こと医学部に関しては一般入試での合格者の学力と、推薦入試をはじめとするその他の入試形式での合格者の学力に、差はほとんどありません。

先ほど述べた、学校ごとの推薦入試の特性に対して、受験生本人が適性を持つかどうかを判断するためには、出題傾向から出題範囲（例えば数Ⅲは出題されるのか否か）、適性検査への対応力など、実に多くのファクターが存在します。

推薦入試を利用することが決まった後には、もちろん合格するための対策と出願準備が必要です。一般入試とは違い、過去の試験問題が公開されていない場合がほとんどですから、個人で情報収集するのはなかなか難しいかもしれません。
また、1000字を超える自己推薦文や第三者の方に推薦文の執筆を依頼しないといけないなど、出願するだけでも特別な準備が必要な大学も多くあります。この点についても、京都医塾では過去に受験した生徒たちから収集した情報を基に傾向を分析し、適切な対策を立てています。

私立大学医学部の「共通テスト利用入試」についても、「合格するチャンスが増えるから、出願すべきですよね」「私立大学専願ですが、共通テスト利用入試のために共通テストを受験したいです」というような相談を受けることがよくあります。
京都医塾としては「一部の方を除いて合格するチャンスが増えるわけではない。むしろデメリットも多い」と考えています。

その理由は大きく2つあり、1つは共通テスト利用入試での合格ラインは、国公立大学医学部の合格ラインと同等の非常に高い得点率が求められるということ。もう１つは、共通テスト利用入試を選択することで、私立大学の一般入試への対策とは別の対策が必要になるということです。

共通テストの実施日は、私立大学一般入試期間開始の２、３日前です。共通テストの直前対策に集中したうえで、２日間のハードな共通テスト本番の直後に、私立大学一般入試が始まってしまいます。私立大学専願の人にとって、一般入試に向けた実戦的な最後の追い込みをすべきタイミングで、まったく違う種類の勉強に時間と労力を割かないといけないのですから、体力的にも精神的にも負担になりかねません。

もちろん、国公立大学を併願している方は当然共通テストを受験しますから、私立大学共通テスト利用入試も選択肢に入ってくるでしょう。また、私立大学専願であっても、共通テストの出題形式に非常に高い適性がある方には、オススメする場合もあります。

しかし、後者は非常に稀なケースです。そういった意味では、共通テスト利用入試という選択肢は必ずしもすべての人にとって良い選択になるわけではありません。

後回しにしがちな小論文・面接だからこそ他の受験生に差をつけられる！

京都医塾の強みは、学科だけではなく小論文・面接対策も通年で行っているところです。私立大学医学部の二次試験といえば小論文・面接がほとんどですが、京都医塾では受験直前だけでなく、年間を通して対策を行っています。

医学部受験生にありがちなのは、受験直前期になってから小論文・面接対策を始めるというものです。多くの受験生が学科試験のための勉強に時間や労力を取られてしまい、小論文・面接のことが頭から抜けてしまいます。仮に頭の片隅に「やらないとなあ」という考えが浮かんでいたとしても、具体的に何をどのように対策して良いのかがわからなかったり、アドバイスをくれる人がいなかったり、そもそも時間を確保できなかったりといった理由で、結局何もできなかったということが多いです。その点、京都医塾では入塾当初から小論文・面接対策をしっかりと行なっており、入塾時のアチーブメントテストでも実際に小論文を出題しています。

医学部入試の小論文の傾向としては、基礎的な医療知識や医療に関する社会問題がテーマとして取り上げられることが多く、出題のパターンは大きく次の3つに分けられます。

①ある一定量の文章を読み要約したうえで持論を展開する「課題文型」
②「○○について書きなさい」というようにテーマだけが与えられて自由に論

述する「テーマ型」

③課題と問いが与えられて論述する、いわゆる「国語型」

そして、課題やテーマの中には、受験生になじみの薄い医療用語も出てきます。出題されるテーマや用語をまったく知らなかったり、意味を理解できていないと書き始めることすら難しい場合もあり、単なる一般的な小論文を書く練習だけでは対策としては不十分です。

小論文対策としてよく言われるのが、「普段から新聞を読んでおくこと」や「毎日ニュースを見ておくこと」というものですが、そもそも受験生にその時間的な余裕があるでしょうか？　また、医学部入試の小論文では一般的な時事問題だけでなく、医療に関するニュース、やや専門的な医療知識などについても知っておく必要があり、こうした知識は新聞や一般的なニュースに目を通すだけで増やせるわけではありません。

そもそも私立大学医学部の入試では、小論文の試験は学科試験と同じ一次試験の日に実施されるところが少なくありません[4]。

そして、一次試験を突破した後の二次試験の日程で行われる面接に関しても、一次試験の合格発表後のわずかな期間で十分に対策できるかというと、その間に他の一次試験もあることが多く、難しいと言わざるを得ません。

そこで京都医塾では、入塾当初から、医学部を目指すすべての生徒のカリキュラムの中に小論文・面接対策を組み込んでいます。

【医療レジュメ】と呼ばれているオリジナル教材を使いながら、医療知識について学び、実際に小論文を書き、添削を受け、ブラッシュアップしていく。面接対策では、基本所作の指導から実際に入試で出題された質問、新傾向のＭＭＩ[5]にも対応したロールプレイ演習を繰り返し本番に備えていきます。

また、情報収集のための時間的な余裕がない医学部受験生のために、1週間分の全国の新聞社説の中から注目すべき記事を16本選定して、「社説集」として紹介しています。さらに、医療知識に関しても３００ページを超す本格的なオリジ

[4] 小論文は、一次試験の評価には含まれません

[5] Multiple Mini Interview／複合的な観点から受験生の判断力・資質・コミュニケーション能力などを確かめる面接形式

ナル教材を作成しています。これらの教材を活用しながら情報をインプットしていきます。

小論文・面接対策1つを取っても、情報収集には膨大な時間がかかります。京都医塾では生徒たちができるだけ効率的に学習できる体制を整えています。

一般的に後回しにされがちな小論文・面接だからこそ、他の受験生に差をつけられると考え、京都医塾では通年で計画的に指導を行っています。

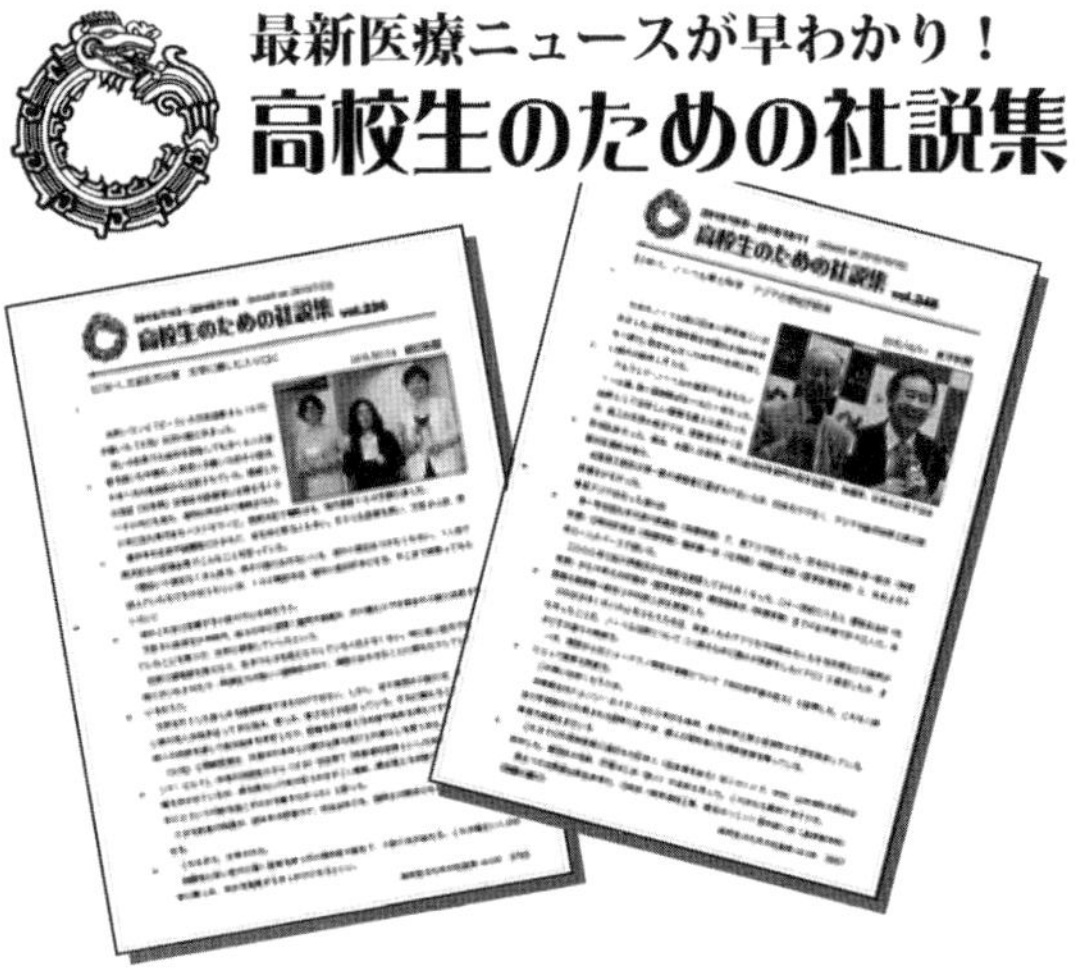

COLUMN

教えて

清家塾長！

入試直前、受験生はどんなふうに過ごすべきでしょうか？

一般的には12月くらいから入試スタートまでを直前期と呼びますね。京都医塾の生徒たちにはこの時期にも、さらには入試がスタートしてからも、基本的にはいつもと変わらない一日一日を過ごすように伝えています。

多くの塾・予備校では、共通テストが終わったらその時点で授業が減ったり、あるいは、授業がなくなったりしますが、その状態の受験生は、精神面でも生活リズムの面でも不安定になりがちです。ですから、精神的なサポートを含め、第4章で紹介した【絶対基礎】の定着を最後まで繰り返し行いながら、各大学の入試対策も3月半ばの後期試験終了までしっかり続けます。

このように私たち京都医塾は、直前期になっても絶対基礎が定着しているか確認し続けます。絶対基礎は医学部合格のために必要不可欠なものです。そして、人の知識は触れ続けなければ抜けていってしまいます。だからこそ、この時期にも、絶対基礎の定着を確認し続けるのです。

過去に覚えたはずのことなのに、時間が経つと部分的にしか覚えていないとか、まったく思い出せなくなっているということは皆さんも経験があるかと思います。

忘却曲線という、心理学者のヘルマン・エビングハウスが提唱した『再暗記の効率』についてのグラフがあるのをご存知でしょうか。ここでは、暗記した後に「1時間、1日、1週間……」と時間を空け、もう一度覚え直すのにどれだけ時間が節約できるのかということがグラフに示されています。実際の学習に応用してみると「その日覚えたことをその日のうちに振り返れば、忘れてしまった内容も初めて暗記した時の半分程度の時間で再び覚え直せる」と言い換えられます。

エビングハウスの実験では、互いに関連を持たない3文字のアルファベットを暗記することが扱われていますから、京都医塾の【知識を関連づけて理解し覚える授業】で得た知識の忘却はもっと緩やかになりますが、「同じ情報を何度も短いインターバルでインプットし続けること」が重要だという事実は変わりません。逆に考えると、初めて勉強した時から何ヶ月も振り返ることをせずに忘れてしまった内容を覚え直そうとすると、一からやり直すのと同じくらいの時間がかかることになります。

一度覚えた絶対基礎を入試本番で正確に使うためには、直前まで繰り返し復習し、知識の抜けがないかをしっかり確認しておく必要があるということですね。

図7　エビングハウスの忘却曲線

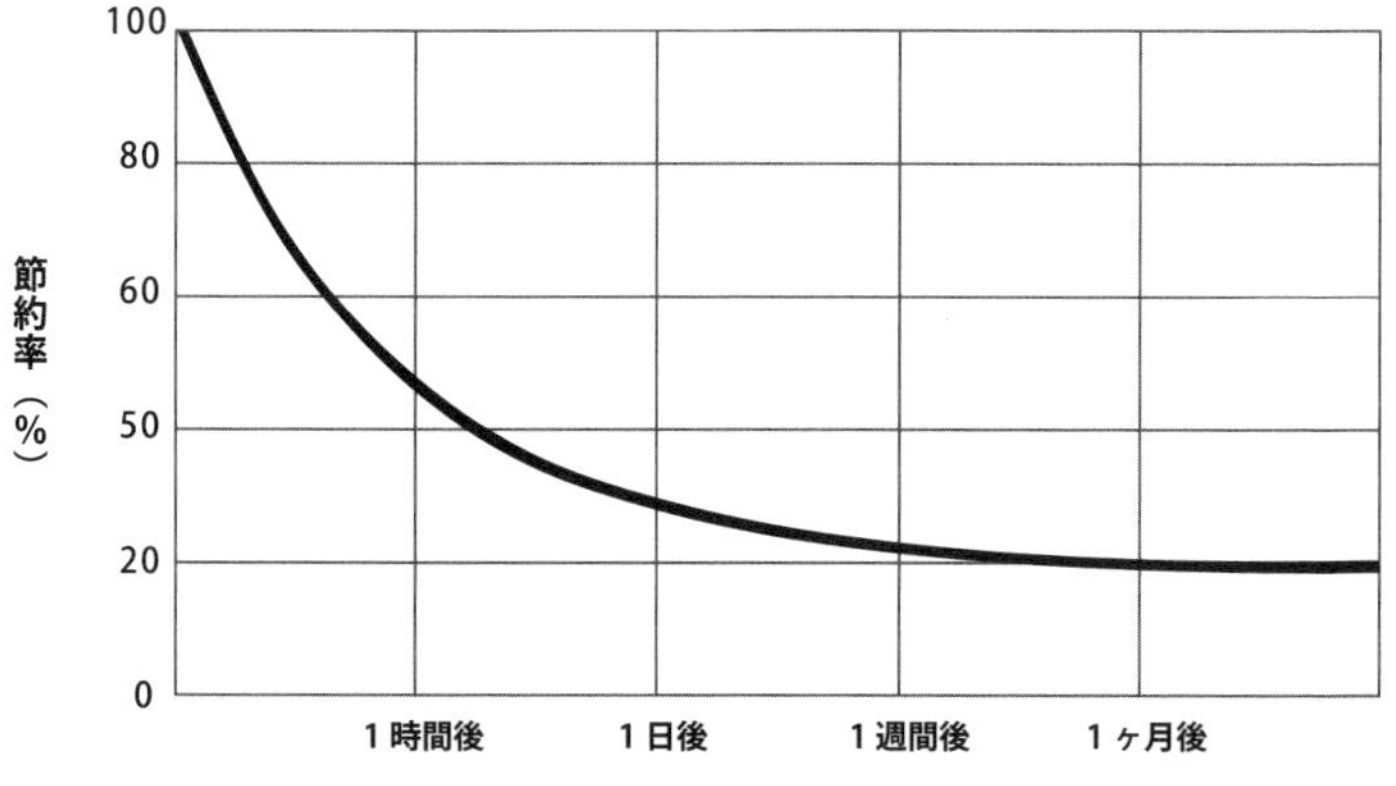

$$\text{節約率(\%)} = \frac{\text{最初に覚えるのにかかった時間} - \text{覚えなおすのにかかった時間}}{\text{最初に覚えるのにかかった時間}} \times 100$$

（ヘルマン・エビングハウス著・宇津木保訳・望月衛閲
『記憶について―実験心理学への貢献』誠信書房より作成）

直前期に、新しい参考書や問題集を購入して取り組んだりするというのも、受験生あるあるだと思います。それが絶対にダメというわけではありませんが、直前期にそのようなことをしても期待するような効果を得ることは難しく、場合によっては、知らない知識（多くは不必要な知識）を見つけてしまって、かえって不安が大きくなってしまうことすらあります。直前期は、絶対基礎の確認と体調管理、メンタルコントロール。この3つを特に大事にしてもらいたいですね。

ちなみに、京都医塾には【見えない4ヶ月】という言葉があります。

この【見えない4ヶ月】というのは、11月から2月までの4ヶ月を指しますが、この期間は共通テストのプレテストなど以外には、全国模試が行われない期間であり、一般的には、全国の受験生の中での自分の位置がどのくらいなのか、合格可能性はどのくらいなのかを客観的に判断するのが難しい期間となります。

世の中の多くの受験生にとっては、自分の今の位置を評価する物差しがない状態で、人によっては「もう自分はここから伸びない」「大して変わらないだろう」と諦めてしまう4ヶ月でもあります。

しかし、京都医塾では、入試が始まってからもその年の受験がすべて終了するまで授業は続き、生徒の力は最後の最後まで伸び続けます。

つまり、この時期までに絶対基礎を固め、かつ、この4ヶ月の勉強の方法を誤らなければ、ここでグンと成績が伸びるのです。

医学部に合格したいという気持ちを切らすことなく、合格するまで正しい方法で頑張り続けることが大事です。

第5章

タイプ別！　これが医学部逆転合格プラン

これまでの章では、医学部に合格するために知っておいていただきたいことをお伝えしてきました。

ここからは、具体的にどのような対策をしていけば良いのかお伝えしていきたいと思います。

もちろん、まったく同じ状況や学力レベルの生徒はいませんから、一人ひとり最適な対策は異なります。一人ひとりをしっかりと分析したうえで、プランニングをする必要があります。

すべてのパターンを挙げると膨大になるため、本書の中に収めきれません。本来ならば、すべての読者の方に、一人ひとり丁寧にアドバイスをしたいのですが、ここではあえて受験生を大きく4つのタイプに分類し、それぞれのタイプの傾向をお伝えすることにします。

あくまで傾向ですから、これを鵜呑みにしすぎないようにご注意ください。個別のプランニングをお聞きになりたい場合は、是非京都医塾へご相談いただければと思います。

Aタイプ：中学・高校と学校の成績が良かった生徒

Aタイプの生徒は、真面目にコツコツ勉強をする習慣を持っていることが多いです。それにも関わらず、医学部受験に対して、十分な成績を収められていない場合は、勉強方法など、何か大きく変えなければならない要素が隠れていることが往々にしてあります。

医学部合格の夢を叶えるためには、それが何なのかをしっかりと分析したうえで、正しいものに変えていかなければなりません。

この点においては、今まで真面目に努力を続けてきた、その結果として学校でも成績は良かったという自負があるだけに、自分の中で培ってきた学習スタイルを変えるということを受け入れるのはつらいことでもあります。

その結果、我流の勉強スタイルへのこだわりを捨てられず、正しい勉強へのシフトがやや遅れる場合があります。

したがって、医学部合格という目的のためには、私たちが提案する新しい方法に変えていくことが正しくて、かつ、必要であるということを、しっかりと生徒に理解してもらうことが重要です。

一方で、勉強の習慣は定着しているため、正しい方法に変えた後は、比較的スムーズに学習が進み、結果も出るタイプです。

大阪医科薬科大学医学部医学科に進学したAさんの例

Aさんは、大手予備校などに通いながら、中学・高校を通じて勉強を継続していた真面目な生徒でした。学校の成績、評定平均も非常に良好。しかし模試の成績は伸び悩み、医学部受験にはまったく歯が立たず惨敗。京都医塾での学習をスタートした時の偏差値は40台でした。

京都医塾ではまず、目の前の気になる内容を集中的に行う偏った学習法を、必ず毎日、全教科の勉強をスケジューリングに従ってバランスよく行うスタイルに変更しました。

また、我流の解き方を捨て、すべて基礎に戻って正しい知識、解法の習得し直しから始め、反復を徹底しました。最初は、勉強方法の変更、改革に戸惑う瞬間もありましたが、個人授業×集団授業の授業形態で基礎から難関レベルまで徹底的に特訓したところ、生来の真面目な性格と勉強の習慣があったことも功を奏し、たった1年で偏差値が70近くまで伸び、見事、大阪医科薬科大学・関西医科大学をはじめ、受験した私立大学医学部すべてに合格されました。

図８　Ａタイプの医学部逆転合格プラン（例）

Aさん		2月	3月	4月	5月	6月	7月	8月	9月	10月	11月	12月	1月	2月	3月
英語	集団		【基礎】英作文＋長文読解					【標準】		【発展】＋過去問			過去問		後期
	個人		【基礎】文法解説＋英文精読					【発展】文法＋英作文					志望校対策		
数学	集団		【基礎～標準】全範囲（1周目）					【発展】（2周目）			過去問演習				後期
	個人		集団授業フォロー＋基礎弱点単元補強								志望校対策＋弱点補強				
化学	集団		【基礎】単元別演習（1周目）					【発展】（2周目）			過去問演習				後期
	個人		集団授業フォロー+基礎弱点単元補強								志望校対策＋弱点補強				
物理	集団		【基礎～標準】単元別演習（1周目）						過去問演習						
	個人		集団授業フォロー＋基礎弱点単元補強						総復習＋弱点補強				志望校対策		
国語 小論文 面接	集団		基礎知識 解説＋テーマ小論文演習						過去問＋模擬面接						
	個人		基礎国語・小論文演習・面接 基礎						添削指導＋出願指導			面接指導＋志望校対策			

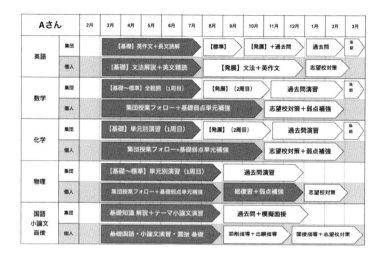

Bタイプ：とにかく数学が苦手な生徒

Bタイプは数学が苦手な生徒です。全国からご相談を受ける中でもよくあるタイプです。京都医塾に入塾する生徒で「数学が得意中の得意」という生徒は学年に1人か2人いるかどうかというくらいです。そのくらい数学というのは苦手とする方が多い教科です。

数学で点を取れるようになるためには、圧倒的な知識量と反復量、そして計算力とスピードが必要になります。したがって一般的には、数学の力を伸ばすには、他の科目と比べて時間がかかります。

さて、このBタイプの生徒は、どのような対策をすれば良いのでしょうか。

数学が苦手な生徒は、まずは正確な知識を揃えることから始めていきます。数学は暗記するべきことが少ないと思われがちですが、実は他の科目よりも圧倒的に覚えるべきことが多いのです。公式はもちろん、数学を学ぶうえで使用される用語一つひとつの定義の確認と記憶から始める必要があります。

正確に知識が入り、基礎的な計算力がついたとしても、合格のためにはまだまだ必要なことがあります。問題文、条件を正しく読み解き、どの知識が使えるのか、どう組み合わせるのが良いのかを判断し、どの解法が早く（制限時間内）、かつ正確に、ミスを起こさず解けるのか、を見極められるようになること、そして実際にそれを制限時間内にミスなく解けるようになる、そのための訓練が必要になります。

このように、数学で安定して高得点をとれるようになるには非常に時間がかかります。

Ｂタイプの生徒は、数学を完璧にすることを目指さず、その分の時間を他科目を伸ばすことに使い、数学は大きくこけないところまで持っていき、総合点で合格を目指すのが早いです。

聖マリアンナ医科大学医学部医学科に進学したＢさんの例

中学時代から数学が苦手で、高校２年生の時には「さすがにまずい」と思い、個別塾で数学の授業を受け始めたのですが、数学の偏差値は40台半ばで停滞し、現役の時は医学部に不合格。京都医塾の高卒生科で１年間集中的に受験生活を送ることになりました。

入塾後の最初の模試では、数学の偏差値は45でした。Ｂさんの場合は、英語と理科が順調に伸びたため、夏期から数学の授業と復習時間の比率を上げて学習に取り組んでもらいました。とにかく「基本から標準のとるべき問題を確実に解く」ことを数学の基本方針として徹底しました。難問対策を完全にストップし、基礎力を強固なものにするという戦略を立てました。

　数学を「足を引っ張らない科目」にし、他の3科目でアドバンテージをとれるところまで伸ばす。その形で総合偏差値として65を目指すという戦略を立て、実行してもらいました。

　その結果、第3回河合塾全統記述模試では、4科目偏差値を63・6まで上げることができ、見事、第一志望に合格することができました。

図9　Bタイプの医学部逆転合格プラン（例）

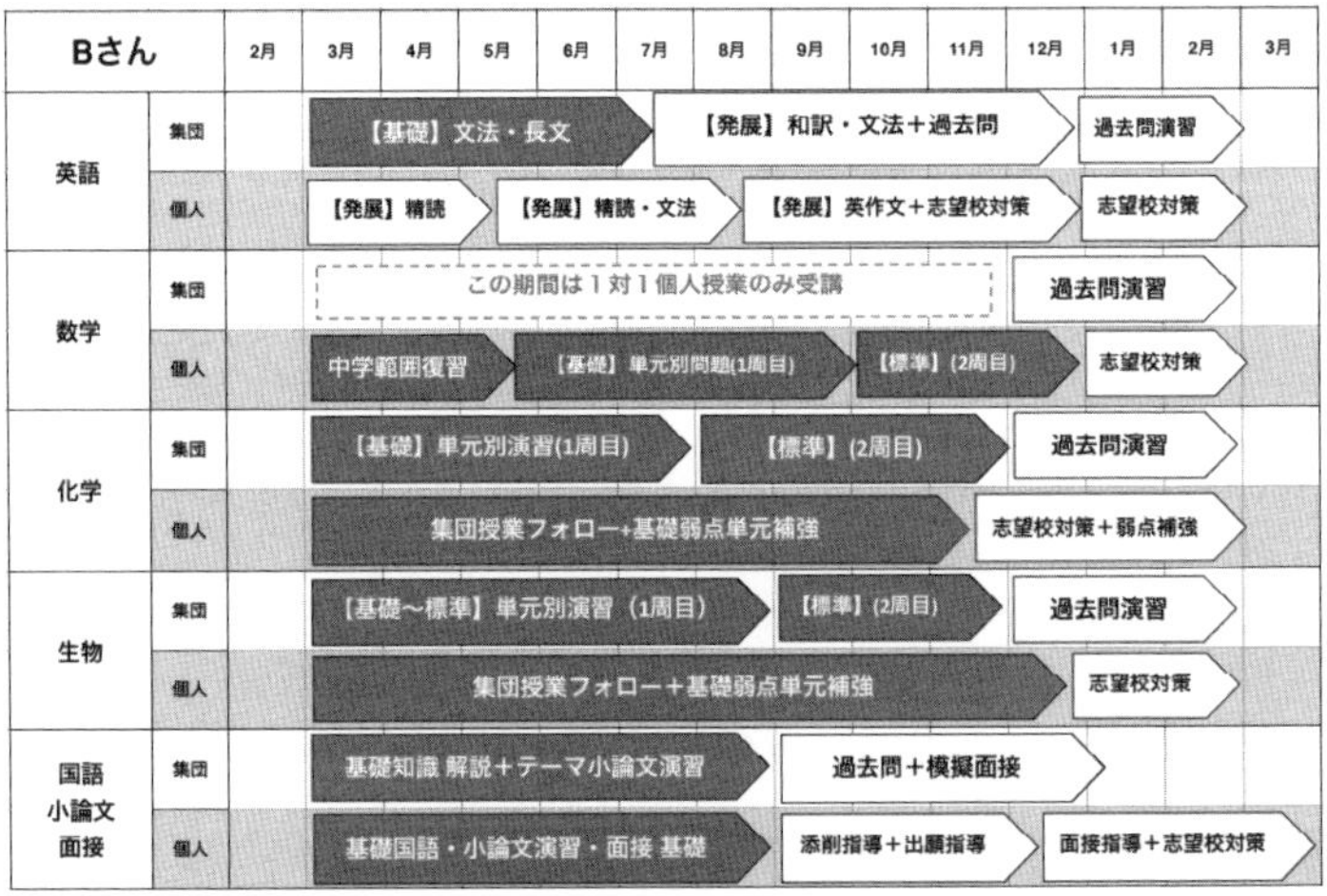

Cタイプ：まったく勉強をしてこなかった生徒

Cタイプの生徒は、入塾までまったく（ほとんど）勉強をしてきていない生徒です。例えば中学や高校で、部活が生活のすべてだった生徒などです。Cタイプの生徒には、学習リズムを徹底して整えてもらうことから始めます。

本書の「はじめに」で紹介した千葉くんは、まさしくこのCタイプでした。入塾時の千葉くんの4科目の平均偏差値は40以下。中学校は進学校に入学したものの、部活動のラグビーにのめり込み、勉強がおろそかになった結果、高校での成績は、学年順位で下から数えたほうが早いという状況になっていました。

このようなタイプの生徒は、実は京都医塾では珍しくありません。Cタイプの生徒に必要なのは、各科目に対する攻略法などという前に、まずは生活のリズムを整え、【学習の習慣】を確立することです。今まで勉強はしてこなかったものの、体力、あるいは集中力を持っている生徒も多く、その強みをコンスタントに勉強を継続するためにいかすのです。

Cタイプの生徒の多くは、こだわりもなければ、誤った学習の習慣すらありません。極端に言えば、無垢な状態からスタートします。学習の習慣とリズムを掴むまでの最初の期間は、しんどい時期が続きますが、その大変さを乗り越えてリズムが確立できれば、まるで乾いたスポンジのように、グングンと知識を吸収して、目覚ましい成長を遂げることも多いです。

「はじめに」で触れた通り、千葉くんは結果として私たちの予想を大きく上回る成長を遂げ見事、医学部に合格しました。

図10　Cタイプの医学部逆転合格プラン（例）

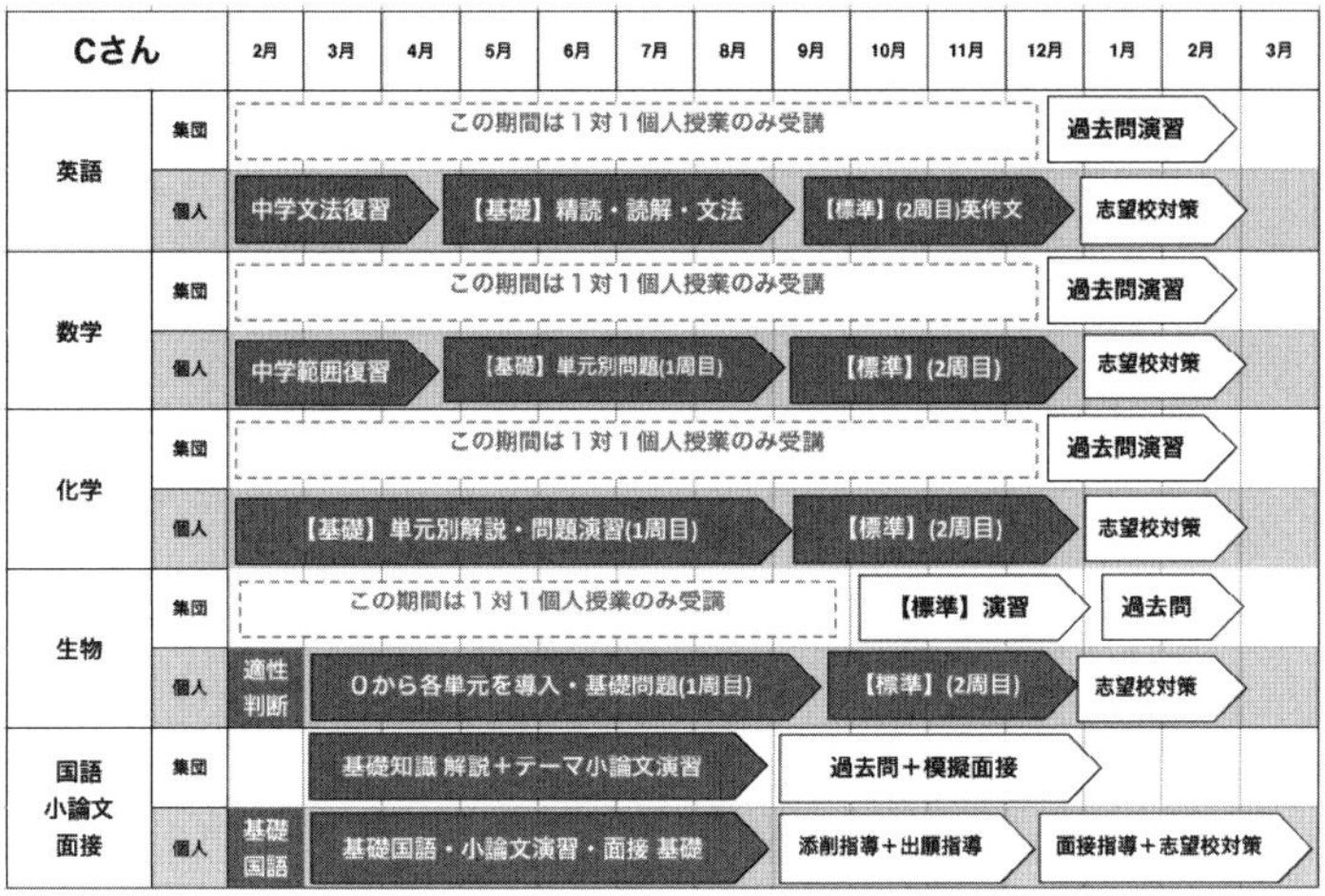

※本書で紹介した千葉くんのカリキュラムとは異なります。

Dタイプ：大学を卒業してから再受験するケース

大学を卒業してから、あるいは社会人になってから改めて医学部受験にチャレンジするという人もいます。本書では、このタイプの人たちをDタイプとします。Dタイプの人たちは、今あるキャリアをあえて捨て、医師を目指すと決意した人たちですから、初めて京都医塾にご相談いただいた時から強い覚悟を持っている方が多いです。

そんなDタイプの人たちにとって、ハードルとなるのが、最新の医学部受験情報の不足、高校卒業以降の学習のブランクです。

長期間の学習のブランクによって、過去に一度習得した内容ですら多くを忘れていて、それを学び直す必要があります。また、学習指導要領改訂により新課程の内容が導入され、完全に未履修で初めて学ぶ内容があることもしばしばあります。そのような単元は完全に高校の教科書の基礎内容から学び始める必要があり、苦手意識も相まって、そこから医学部合格に必要な学力レベルまで引き上げるのは、非常に負担が大きいものです。それらを自分だけでなんとかするのはなかなか難しく、京都医塾のような医学部専門予備校を頼られる方も多いです。

　このようなハードルがあるにも関わらず、自分の人生を転換するという確たる決意を持って医学部にチャレンジする再受験生からは、決して迷わない、途中で投げ出さない強い覚悟を感じています。

その他のケース

今回あえてタイプには分類しませんが、医学部に行きたいという強い気持ちはあるけれど、体調の問題でなかなか思うように勉強できない人も、京都医塾に入塾されています。また、高校や大学を途中でやめた人や、高校を卒業したけれど、ほとんど通学できていなかったために、実際には中学・高校の学習がほとんどできていなかったという人もいます。

それでもどうしても医学部を受験し、医師を目指したいという方もいらっしゃいます。そういった生徒が相談にいらっしゃった場合にも、まずはしっかりとカウンセリングをして、今までの学習歴や体調面など様々なことについてお話を伺い、本人や保護者さまの要望も確認しつつ、学力面もしっかり分析して現状をお伝えします。そして、どのように学習を進めていくのが良いかという大方針を示します。そのうえで、京都医塾で戦いたい、変わりたい、未来を変えたいという生徒には、私たちが練り上げたカリキュラムの第一案を作成し、講師・スタッフのチームを結成し京都医塾での生活をスタートしていただきます。

京都医塾に入塾し、結果的には他の生徒と同じように朝から晩まで京都医塾で勉強される場合も往々にしてあるのですが、体調などを考慮して、登校時刻を調節したり、早く帰宅できるように遅い時間の授業を減らしたりもします。学期の途中で入院する場合などは、一定期間授業ができない状態になることもあります。そうした場合も、医師の意見を踏まえながら、精神的または体力的に、極力負担をかけないように、しかし勉強は続けられるようにカリキュラムを練り直していきます。

毎年、様々な生徒が医学部を目指し、京都医塾に入塾してきます。その一人ひとりが「医師になりたい」と本気で覚悟を決めてきます。
その覚悟を信じて、私たちも合格を目指し、全力でサポートし続けるのです。

COLUMN

教えて 清家塾長！

いろいろな塾がありますが、塾選びのポイントはありますか？

ここでは、医学部受験の塾選びの際に気を付けるポイントをお伝えします。
最近は昔のような対面式の塾だけでなく、オンラインの塾も増えてきました。
様々な特色を持つ塾があり、どの塾を選んだら良いか迷ってしまいますよね。
塾選びの際には、３つほど見極めるべきポイントがあります。

〈医学部受験の塾選び3つのポイント〉

①自分の現状について、客観分析やプランニングをしてもらえること

②医学部情報に詳しいこと
③自分に最適なカリキュラムを作成してもらえること

特に、①については、学力や個性、能力、現状できること・できないことが一人ひとり異なることを前提に、客観的に分析し合格までのプランニングをしてもらえることが重要です。

また、②では、大学入試を取り巻く現状や、医学部入試制度そのもの、もちろん入試問題などを分析していて、その結果を情報として提供してもらえるかどうかも確認してください。

③のカリキュラムは、作成してもらえることはもちろん、状況の変化に応じて最適なものに随時改訂してもらえるかどうかも、大事な判断ポイントです。

先ほど、様々な特色の塾がありますと言いましたが、具体的には大人数で１つの授業を受ける大手の予備校から、少人数制の集団授業を行う塾、1対1の個別指導塾、それから最近増えてきているオンラインの塾などが主な塾のタイプです。

大手の予備校は、授業料が比較的安いというメリットがありますが、事前に作られたコースに属し、同じカリキュラムに従って大人数で授業を受けるため一人ひとりに合わせてカリキュラムを作成してもらうことはできません。自分で必要だと思う授業を選択して時間割を考えなければならない場合も多いです。

また、模試の総合成績の順位でクラス分けをする塾もあります。総合成績の順位だけでクラス分けをする形では、それぞれの科目の授業内容がすべて自分のレベルに合致するとは限りません。したがって、学ぶべき内容の授業を受けられる最適な学習環境になるわけではありません。そういった点をあらかじめ理解しておくと良いでしょう。

一方、少人数での集団授業や個別授業であれば、それぞれの生徒に合わせた学びを提供してくれるように感じやすいですね。ただ、いくら個別授業だとしても、先生主導で授業が展開されていなければ期待するような効果が得られない可能性があるということに注意が必要です。

具体的には、生徒が自習し、自分がわからないと思ったところだけを質問するといった形です。このような形で完全に生徒が主導権を持ってしまうと、生徒自身が気づくことができない穴を講師が積極的に見つけ出して修正することは極めて難しく、問題点を残したままになりがちです。

さらに、本人の気持ちの赴くままにやりたい内容を進めたあげく、科目や単元の学習時間・学習量のバランスを崩し、優先度の高い内容に手をつけられず、弱点科目・単元が残ったままになってしまうことも多いのです。

もしその塾に素晴らしいカリキュラムがあったとしても、その通りに実行できなければ意味がありません。本当に生徒の力を伸ばそうとするなら、先生が生徒の様子を確認しながら、イニシアティブをとって授業を進めていく必要があります。

これは、オンラインの塾でも同様のことが言えます。オンライン塾のうち、学校の授業でわからないことの質問対応を中心とする塾の授業は、時間のない現役生や通塾が難しい人にとってはメリットがありますが、どうしても、生徒自身がわからないと思うところだけを質問する形になりがちです。オンライン塾を選ぶ場合も、プランニングと最適なカリキュラムを提示する塾かどうかを確認する必要があります。

自分自身の弱点を把握し、どの程度の時間をそこに振り分けるべきか、ということを判断できる方は、自分主導で授業が進む塾で成果を上げることができると言い換えることもできます。

自己分析が不得意だったり、自己コントロールが苦手な方、あるいは、どのように勉強を進めるべきかがわからないという方は、しっかりと分析を行ったうえで合格までのカリキュラムやプランニングを作成してくれ、管理やサポートもしっかり行ってもらえるような塾を選ぶのが良いと思います。

おわりに

本書は、医学部を目指すすべての受験生、そして保護者さまに向けて書きました。現在の医学部を取り巻く状況から、合格するために必要なこと、また、京都医塾の指導方法やその根底にある考え方などをご紹介しました。

京都医塾の講師・スタッフは、多くの生徒たちを医学部へと送り出してきた経験から、医学部受験の過酷さを熟知しています。

多くの生徒が、医師を夢見て医学部受験に挑戦します。自分の思い通りに合格する人もいれば、難関であるがゆえに、それが叶わない人も多くいます。さらに言えば、医学部への合格は、医師になるための本当の勉強の始まりに過ぎません。

「医師になる」。この目標を達成することは簡単ではありませんが、必死にやればやっただけ、重大な責任を負いながら、人の命に直接関わることができる医師という存在に近づくことができます。

京都医塾生の医学部合格率は、一次合格で78%、最終合格では68%です[6]。この数字だけを見ると、京都医塾には最初から勉強ができる人が集まっていて、簡単に医学部に合格できたのだろうと思われがちです。

しかし、京都医塾では選抜テストを行っていません。つまり、この数字は、すでに本書でお伝えした通り、最初は医学部にまったく手が届かない学力だった生徒たちの努力の結果なのです。

私たちが偏差値40台からでも医学部に合格することができるとお伝えしているのは、純粋にその夢を諦めないでほしいと思っているからです。医学部に合格できなくて悩んでいる方の多くが、勉強の方法や生活習慣など、様々なところに問題を抱えています。他の学部であれば通用するかもしれませんが、医学部を目指

[6] 2022年度入試において、2021年4月時点で偏差値40以上の高卒生が68%医学部医学科に最終合格。

すなら何かを変えなければならない、自分が変わらなければいけない、そんな生徒が多くいます。こうした生徒たちは、医学部に入る才能がない、あるいは資格がないわけではありません。医学部に入るための正しい方法を知らないだけ。つまり、自分にとって最も良い勉強の仕方を知らないだけです。

実は私自身、29歳から医学部を目指した身です。大人になってからの再チャレンジは大変難しいものがありましたが、正しいやり方で勉強したことで、医学部に進学することができました。人生、何かを志すのに遅いということはありません。本気でやろうと思えば、誰だって変われます。誰だって変われると本気で考えているからこそ、私たちは選抜テストなどで入塾の可否を決めるようなことをしていないのです。本文でも触れましたが、何より大切なのは医学部を本気で目指す、その覚悟なのです。

京都医塾は、現代の日本における最も過酷な入試を勝ち抜くための塾であり、本気で医師を目指す人が集まるところです。「医師になる」その夢のために、自らの時間のすべてを使い、全力で取り組んでいく。その覚悟があれば、私たちがやることはただ一つ。生徒一人ひとりに対し全力で向き合い、誰よりも医学部合格に対して諦めの悪い先生として一緒に生きることです。

仮に受験が不本意に終わってしまっても、そこで夢が絶たれるわけではありません。

それは、医師になるための新たなスタートを切るタイミングなのです。

京都医塾にやって来る生徒には、学習が必ずしも順調ではなかった方が多くいます。しかし、彼ら彼女らは過酷な医療現場の現状を知ったうえでなお、今この時代に、自らの人生を医療にささげたいという青年たちです。過酷な選択を自ら選びとった青年たちを、私たちは誇りに思い、その「本気と覚悟」を信じ、彼、彼女の持つ未来に期待して、その思いを具体化するために、持てるすべての力を注ぎこんで、指導・サポートをしています。

いつも、心の中で、伝えます。
「ありがとう。全力で支えるから頑張れ。そして、これからの医療を、世界を頼んだぞ」と。
「教育は、この国を、そして未来の世界を支える」、そして「教育は一人のために生まれる」。それが、私たちの理念です。

医師を目指す全国の受験生諸君、この受験は、人生の転機となる瞬間です。それを本気で戦うことができる場所と時間、それが、京都医塾の【京都留学】です。迷いがあるなら、何でも相談してください。京都医塾が人生の転機を過ごすべき場所であるかどうか、本物であるか、一度、体感しに来てください。自分がどうしたいのか、何をすべきなのかがはっきりすることでしょう。

「本気で医師になる」

もしも、そう覚悟を決めたならば、一緒に戦いましょう。
最強の京都医塾チームがあなたを待っています。

京都医塾　塾長
清家二郎

2022 年度 高卒生
医学部医学科 合格率

※2021年4月時点で偏差値40以上の京都医塾 高卒生

一次合格 合格率 **78%** [51名中40名]

最終合格 合格率 **68%** [51名中35名]

2022年度合格実績

国公立大学医学部（すべて最終合格）

京都府立医科大学	5名	奈良県立医科大学	1名	大分大学・医学部	1名

私立大学医学部

	一次合格	最終合格		一次合格	最終合格		一次合格	最終合格
川崎医科大学	22名	17名	金沢医科大学	22名	9名	帝京大学・医学部	17名	8名
福岡大学・医学部	17名	6名	愛知医科大学	16名	11名	藤田医科大学	16名	12名
杏林大学・医学部	12名	5名	兵庫医科大学	14名	8名	獨協医科大学	11名	3名
埼玉医科大学	11名	5名	岩手医科大学	10名	6名	久留米大学・医学部	10名	5名
聖マリアンナ医科大学	9名	2名	近畿大学・医学部	9名	6名	北里大学・医学部	7名	4名
大阪医科薬科大学	8名	4名	東海大学・医学部	6名	4名	関西医科大学	5名	5名
慶應義塾大学・医学部	1名	1名	東京慈恵会医科大学	1名	1名	東京女子医科大学	1名	1名
東北医科薬科大学	1名	1名	昭和大学・医学部	1名	0名	日本大学・医学部	1名	0名
防衛医科大学校	1名	0名						

※すべて医学部医学科の実績です。現役生科の実績も含まれています。

医学部合格診断 受付中

遠方の方は宿泊費・交通費無料の１泊２日診断ツアー

公式WEBサイト

医学部専門予備校　京都医塾

「京都医塾」という名前は、私たちの教育理念そのものです。

地元京都を大切にしていること。

将来医師を目指し、いのちを救う現場で働き、社会に貢献したいという強い希望を持った人たちを応援したいこと。

そして、やる気さえあれば、どんな生徒さんも受け入れ、一人ひとりと真正面から向き合う。

揺るぎない独自の教育理念を貫く「塾」という名に誇りを持っていること。

そんな私たちの想いが込められています。

塾長・代表挨拶

ご購入者さま特典

医学部専門予備校がお届けする「医学部受験 最新情報」は、
特別コンテンツ QR コードからご覧いただけます。

特別コンテンツはこちら

偏差値 40 からの医学部逆転合格

ISBN：978-4-434-31397-4
2023 年 1 月 11 日　初版発行

著　者：医学部専門予備校　京都医塾

発行所：ラーニングス株式会社
〒 150-0002　東京都渋谷区渋谷 2-14-13
岡崎ビル 1010 号室
発行者：梶田洋平

発売元：星雲社（共同出版社・流通責任出版社）
〒 112-0005　東京都文京区水道 1-3-30
Tell (03)3868-3275